会社の"終活"読本

社長のリタイア〈売却・廃業〉ガイド

内藤 博
金子 一徳 著
戸田 正弘

日刊工業新聞社

はじめに

　私が経営コンサルタントとして独立してから、早いもので15年が過ぎました。その間一貫して、会社の未来を相談者の方と一緒に考えながら、支援させていただきました。

　多くの経営者は、長年にわたる悩みを打ち明ける相手もいない状態で、悶々としているうちに時を失って、課題を先送りして、厳しい現実をて見ないふりをして、自分の心の声を封じ込めて、ここまで来てしまいました。

　それでも意を決し、相談会や専門家派遣を依頼された方々には、私共とコンタクトが取れて、寸前で事なきを得たケースもたくさんあります。また逆に、手遅れとなってしまい、相談者本人が他界されたり、経営者の妻が未亡人となってから面談に来られたり、「もっと早ければ、どうにかなったのに」と切歯扼腕する案件もたくさんありました。

　何かの縁でこの本を手に取っていただいた皆さんにとって、「会社の終活」や「社長のリタイア＜売却・廃業＞ガイド」という文字が重たく心に感じられたでしょうか。著者としてはまったく逆の、「少しでも多くの方が楽になって」「第二の人生へ向かえる」「もう一度やり直してみたい」という、気分転換になることを願って書いております。

　決して、暗い結末を書き連ねる本ではありません。

　ハッピーリタイアにたどり着き、幸せの中に夢を実現した方々もたくさんいることをお伝えしたいと、筆を執りました。

　もちろん、夢物語のようにはいきません。難しい課題をクリアして、タフな交渉を乗り切らなければならないこともあるでしょう。しかし、やり方が分かり、必要な道具が見えてきたら、ガイドとなる支援者、事業承継士のような専門家を見出していただければ、ゴールが近づくこと

を知っていただきたいのです。

この本には、毎日実務で"事業承継と廃業"に向き合ってきた事業承継士、支援機関の相談員、M&Aの専門家、そして辣腕弁護士まで、税務やお金の世界の専門家ではなく、「ソフトな経営資源」「経営者の想い」を大切に、目に見えない企業価値を丁寧に取り扱ってきた、事業承継の専門家が筆を執っております。

多くの事例の中から、あなたの進むべき道を探してください。

迷い戸惑う"心の問題"が解決したら、あとは元気を出して"解決への実務"を、私たち事業承継士と共に粛々とこなしていきましょう。

今の時代は、自分の人生を、自分で決められない人がたくさんいます。そういう方に出会った時、いつも思います。「動き出すチャンスは今がベストタイミング」だと。「あの時にこうしていれば…」。後悔の海に漂う小舟のように、繰り言をいくら唱えても、失った時は二度と戻らないのです。

今という現実を受け入れて、この本との出会いを活かしてください。

人がつくれるものは、今とその先に連なる未来しかありません。過去を飾るのは、嘘と言い訳です。本当のことは、自分の心がすべて知っています。これから先もごまかし続けて生きていけるものでしょうか。

どこかで最後の腹を決めなければなりません。

事業承継士は、皆さんが扉をたたく日をいつまでもお待ちしております。遠慮なく、思いついた時にドアをたたいてください。新しい世界へとつながる、別のルートをご案内したいと思います。

一日も早く重たい荷物を下ろして、経営者の肩書を外し、担保や保証人という立場から離れて、自由で創造的な毎日を送れるようになりましょう。

第4章に載せた事例は、すべて実話です。プライバシー保護のために名前などは変えていますが、当事者の心の動きは特に慎重に事実を再現しました。

読者の皆様のハッピーリタイアが　日も早く完成することを願ってやみません。

　謝辞。日々の仕事に追われ、筆の進まない私を本書の完成まで導いてくれた、日刊工業新聞社出版局書籍編集部の土坂裕子さんに大いなる感謝をささげます。ありがとうございました。

著者を代表して　　事業承継士　内藤 博

会社の " 終活 " 読本

目　次

はじめに ……………………………………………………………………… 1

序章

事業承継について、
もう一度、考えてみましょう

0-1	今がベストタイミング。一緒に考えましょう ………………………	10
0-2	売却・廃業に向けた、経営者マインドの方向性の誤り ………	11
0-3	家族には、甘えていいんです………………………………………	12
0-4	ハッピーリタイアの全体像……………………………………………	14

第 1 章

会社の売却について考えよう

1-1	会社を商品化しよう …………………………………………………	20
1-2	M&A は上手に活用しよう …………………………………………	24
1-3	従業員への「のれん分け」を活用しましょう ………………	28
1-4	他人に売る場合、価格の決め手は情報の価値 ………………	30

第 2 章

会社の片づけ方について考えてみよう

2-1	リタイアは悪いことではありません …………………………	36

4

2-2	気軽に専門家に相談しよう ………………………………	42
2-3	困った時には専門家に頼ろう ………………………………	45
2-4	まずは中小企業診断士に相談してみよう ………………	46
2-5	法的な処理は弁護士に頼るしかありません ……………	48
2-6	会社の清算手続なら司法書士に依頼しよう ……………	50
2-7	税金の計算は税理士に依頼しましょう …………………	52
2-8	廃業手前での会社売却の相談は公認会計士を頼ろう ………	53
2-9	退職金の規定は社会保険労務士と早めに見直しましょう ……	53
2-10	倒産の危機が迫った時は商工調停士に相談しよう	54
2-11	ワンストップ廃業相談は事業承継士に頼ろう …………	54
2-12	廃業にもコストはかかります ………………………………	55
2-13	資産の処分価格をわしづかみしましょう ………………	56
2-14	負債の一括弁済額を計算しましょう ……………………	57
2-15	廃業の各種費用の積算は周到にやりましょう …………	58

第3章

会社を清算しましょう

3-1	引退日までのスケジュールを立てよう …………………	66
3-2	一番初めに話す相手は家族です …………………	67
3-3	仕入先・外注先には誠意を持って …………………	68
3-4	販売先・受注先の言葉には耳を貸さないように ………	70
3-5	従業員は弱い立場にありますのでフォローが大切です ……	71
3-6	事務所・工場は原状回復が必要になります ……………	73
3-7	出資者にとっては理不尽な結果になるかもしれません ……	75
3-8	最後に金融機関、行政・役所関係と話しましょう ………	76

会社の"終活"読本

3-9	上手な清算のコツ	78
3-10	売掛金は早く回収しましょう	79
3-11	有価証券は期待せずに換金しましょう	80
3-12	保険は換金性が高いです	81
3-13	在庫は安値であっても売ってしまいましょう	82
3-14	預け金・保証金は早めに確認しましょう	85
3-15	工具器具備品類などの引き取り手探しは簡単ではありません	86
3-16	不動産は適正価格での売買が必須です	87
3-17	貸付金は日ごろから管理しましょう	90
3-18	知的資産は専門家に鑑定してもらおう	91
3-19	節税の意味を考えましょう	91
3-20	個人と会社の財産を分けて考えよう	93

第4章

事例から学ぶリタイアポイント

Case 1	事業承継 業務不振の子会社の立て直しに成功。カギは事業の"磨き上げ"	100
Case 2	事業承継 父から受け継いだ娘。祖業から不動産業への転換	105
Case 3	廃業と片づけ 家族の葛藤と女の意地のぶつかり合い。母の仕事を片づける	110
Case 4	廃業 家族に背中を押されて、行きついたハッピーリタイア	117
Case 5	廃業・自己破産 社長である夫に先立たれ、未亡人社長として廃業を決断	124

Case 6 （廃業・起業） 弁護士を活用。
　　　　時代の潮流をつかみ、破産から再起 ……………………………… 131

Case 7 （廃業） プライドとの苦悶の日々。
　　　　妻の一言から 1 カ月で廃業へ ………………………………… 137

おわりに …………………………………………………………………… 144

コラム

一つ目の K 〈個人〉 エゴイストになろう ……………………………… 16

二つ目の K 〈家庭〉 家族の価値に気づく時 …………………………… 33

三つ目の K 〈会社〉 会社は誰のものか？「私物」ではありません … 62

四つ目の K 〈カネ〉 自己破産の実際 …………………………………… 97

五つ目の K 〈近所〉 大切なこの街に帰ろう。生涯現役を目指して … 142

会社の"終活"読本

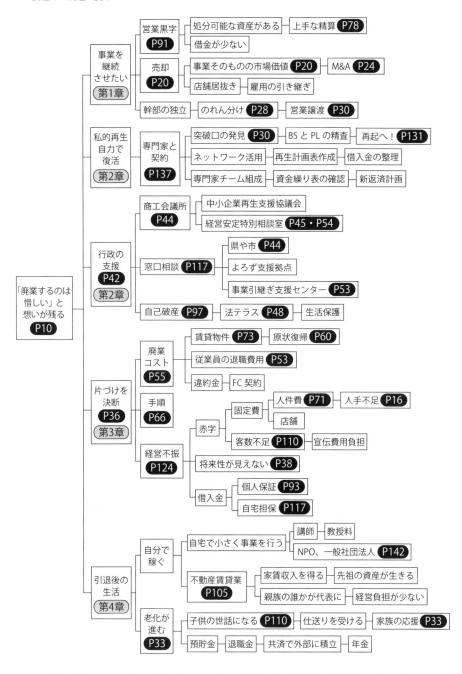

事業承継について、もう一度、考えてみましょう

会社の"終活"読本

[0-1] 今がベストタイミング。一緒に考えましょう

　私たちが15年にわたって行ってきた事業承継相談には、実に多くの経営者の方が来ました。中には、各地で行っている事業承継セミナーを聞いてから、「気になって眠れないことが増えた」「今まで先送りしてきたけど結論を出す時が来たと思う」、そして「思い切って相談に来ました」という思いつめた方が増えてきたと感じます。

　もう一つの変化は、**未亡人の相談**が激増したことです。

　今までも、夫妻で相談に来ることはたくさんありました。逆に少ないのが子どもや後継者と思える方や、税理士などの専門家との同行です。

　さらに最近、金融機関や行政からの紹介によって、初めて専門の事業承継士の存在を知って、問い合わせる方が後を絶ちません。

　すでに時代は昭和から平成、そして新年号へと大きな変革期を迎えています。こうした時代の変わり目には、今までのやり方が大きく崩れ、何となくそのまま経過してきた"先送り案件"がいよいよ目前にさらされる時を迎えます。

　相談の現場で、いきなり「会社をたたみたい」「廃業の支援を頼む」と切り出される方は少ないのですが、皆さん半信半疑で、「自分でもどうしたら良いか分からない」という、"判断先送り現象"が見えています。

　課題解決への一番良い結論は「とにかく早く始めること」「一歩目を踏み出すこと」です。考えて、迷って、結局何もしないで"立ち止まっている人"が多すぎます。その逡巡の時間ロスの間に、大切な資産が目減りしたり、回復可能なラインを越えた赤字に転落したり、とにかく「待つこと」「先送りすること」にメリットはありません。

　この本を手に取った今が、最適な時。スタートのベストタイミングに出会ったと思ってください。勇気を持って本書のガイダンスに従って、仕事の片づけをしましょう。

10

序章　事業承継について、もう一度、考えてみましょう

それでは最初に考えることを一緒に検討しましょう。

それは「**本当に廃業しか道がないのか**」ということです。

統計上では毎年、約3万社が廃業しており、8千社が倒産でこの世から消えています。ところが、後で当事者から話を伺うと、なんと44.4%が「黒字なのに」事業をやめているのです（2014年版「中小企業白書」）。しかも、その理由の一番は現社長の健康問題、気力の衰えを上げています。

では、廃業において「後継者がいない」という理由はあがっていないのでしょうか。「跡取りがいないから、やめるものだと思っていた」は間違いでしょうか。

0-2 売却・廃業に向けた、経営者マインドの方向性の誤り

廃業の考え方には、大きな勘違いがあります。「今の仕事は続けるのに値しない」と**現社長が思い込んでいる**ことが多いのです。たしかに売上が減り、利益が出にくいケースもありますが、本当は「経営者の高齢化」が一番の廃業理由なのです。「**代表取締役**」の肩書が賞味期限を迎えているのです。

つまり、若い人に肩書を譲って、思いきり好きなようにやらせれば、売上も上がり、利益も回復する可能性があるのに、自己流の独断で回復をあきらめてしまうから、たたむ会社が増えているのです。

会社は時代の変化に適応しながら、少しずつ商売の形を変え、新しい手法に挑戦しながら成長していきます。それが止まってしまうのが、「**現社長の高齢化による老害**」の発生なのです。

私たちは何度、大きなため息をついてきたことでしょうか。高齢の経営者は、どうして裸の王様になってしまうのか。間違った、独りよがりの「代表権の振り回し」で、後継者の夢をつぶし、未来を閉じてしまう

11

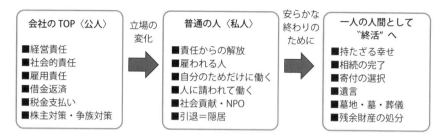

ハッピーリタイアは「役割の変化」と「立場が変わる」こと

のか。親子が真っ向からぶつかり合い、事業承継を壊したことがどれほどあるでしょうか。

その場合の結末は、一家のコミュニケーションまで破たんして、仲の良い家族がバラバラになります。こうして、夢を失って会社を去っていく若い後継者が増えているのです。

0-3 家族には、甘えていいんです

家族は固いきずなで結ばれていて、「私の言うこと」を黙って聞くのが妻の務めだと思う。そんな風に、いまだに古風な家庭の主を貫いている"ワンマン社長"がいます。

逆に、家族には何一つ真実を語らず、破たんのその日まで一切を一人で背負い続けて、ストレスで身体を壊す、"孤高の人"タイプの孤独な経営者もいます。

しかし実際は、皆さんの後ろには家族がいます。友人がいます。ぜひとも相談してみましょう。そして、良いパートナーとなる専門家を探しましょう。

家族会議のように格式ばったやり方でなくとも、皆さんで**集まって本音を話す機会**を作ってください。

序章　事業承継について、もう一度、考えてみましょう

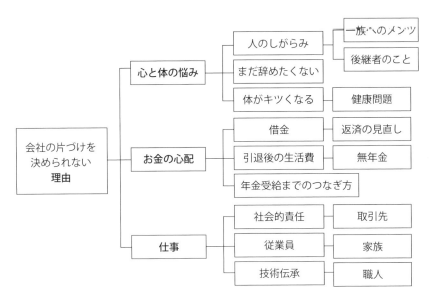

自分の悩みを細かく分けてチェックしましょう！

　自分の生命保険で借金返済などという、誤った考えを持たないでください。
　そんな心の葛藤が収まってきたら、家族を集めて、気持ちを伝えましょう。家族に反対されると思っていたら、応援する側に回ってくれたり、背中を押してくれることが多いようです。
　その理由は、今日まで頑張ってきた経営者の姿を近くで見てきた家族ほど、現社長の苦労が、疲れの様子が、見ていられないほど辛かったというのです。
　「やっと辞める気になってくれた」と、周囲が安堵することも多いのです。
　とにかく一人で悶々と悩むのはやめましょう（P33**コラム**参照）。

13

0-4 ハッピーリタイアの全体像

　どういう手順で、正しい判断を行えば、ハッピーリタイアにたどり着けるのでしょうか。

　思い迷う自分を、空から見つめる"もう一人の自分"を想像してください。そして、二人の自分で話し合いをするのです。いよいよこれで間違いないと確信が持てるところまで心を深く掘り下げて、自分の決心を固めてください。心が決まったら次頁の「リタイア計画表」を見本に、計画表を作成し、**意思が揺れないように文字**にしておきましょう。

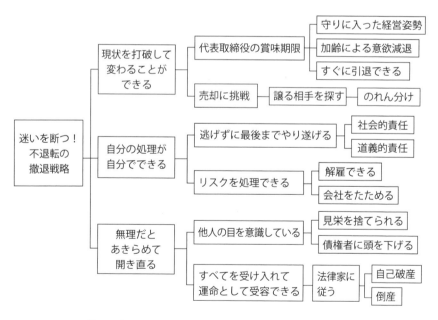

悩みを分けて、できることから対策を実行しましょう

序章　事業承継について、もう一度、考えてみましょう

リタイア計画表　記入見本

		内　容	実　行	☑
や め る 時 の 原 因	1	バブル崩壊の傷が残った	過去の借入、投資の失敗	☐
	2	後継者がいない	跡取り不在	☐
	3	大口の取引先が倒産した	連鎖倒産の危機	☐
	4	体調不良が心配だ	経営者の健康問題	☐
	5	だんだん売上が下がってきた	現業の経営不振	☐

決 断	1	損切りして会社をたたむ	過去の栄光をあきらめる	☐
	2	他人の手に経営を渡す。のれん分けを考える	後継者を広く求める	☐
	3	会社を売却する	M&Aの仲介業者と相談する	☐
	4	自主廃業を決意する	いつやめるかを決める	☐

手 続 き	1	正確な数字を確認する	株価、資産評価、借入高、積立金、退職金など	☐
	2	家族会議の開催	すべてを話して事実で説明し、廃業相談する	☐
	3	専門家との契約	事業承継士などの活用	☐
	4	公的機関の支援を仰ぐ	廃業手続き	☐
	5	法律家との相談	法的な相談窓口へ	☐

作 業	1	廃業宣言	いつ、どんな形でやめるのか	☐
	2	従業員への説明	従業員の継続雇用か解雇を説明	☐
	3	取引先への連絡	部品供給やメンテナンス、与信継続	☐
	4	金融機関との協議	返済・担保・保証人・リスケなど	☐
	5	法的な手続き	会社登記簿・株主名簿の変更と登記	☐

15

会社の"終活"読本

コラム 一つ目のK〈個人〉エゴイストになろう

　長期間にわたって、代表取締役として頑張ってきた方は、ものすごく肩がこっているはずです。知らず知らずのうちに、背負いきれないほどの**"経営者としての荷物"**を背負わされているからです。

　経営者の社会的責任は重いものですが、必要以上に自分で背負い込んでいる人がいます。「そこまでは誰も頼んでいないのに」というほど、妙に肩肘張って、「私の責任です」と言って譲りません。

　時代的な背景もありますが、従業員の雇用責任に関しては、かなり幅広く緩んできました。特に人手不足が慢性化している分野では、早めに事業に見切りをつけて、「人材を世の中に開放して欲しい」というムードもあります。これを「経営資源の抱え込み」と言いますが、生産性が低く、働いている人の賃金や満足度も上がらない状態で、ブラックすれすれの仕事を続けさせているとしたら、それこそ社会問題です。

　こうした世間の見方が変化している時を捉えて、**従業員の雇用に縛られ続ける経営者の自意識過剰**を取り払いましょう。従業員には、もっと広い世界で、新しい出会いの中で、活躍の場を探してもらいましょう。

　世の中全体が、定年を延長して働き手を求めている時代ですから、過去のいきさつに捉われずに、自由な経営判断を行い、思い込みによる呪縛から解き放して、自分を守ることを考えてください。

　また逆に、従業員の中にも責任感が強い人がいます。「弱った経営を立て直すまでは、自分が会社を支えなければならない。だから最後まで辞めるわけにはいかない」。そうした悲壮感に自己実現を重ねる社会派の人もいます。

ところが、人生とは思いもよらない展開を見せる時があります。私たちの仲間の専門家には**勤務先が倒産したので、仕方なく独立**した人もいます。それで本人はその経営者を憎んでいるのかと言うと、まったく違った感想でした。「あの時に思い切りよく私が独立を選べたのは、会社がなくなったおかげです」と言い切るのです。

　経営者の中には驚くほど社員の雇用にドライな人もいますが、こういう人を私は「エゴイストとは言わない」と思います。広く社会的な流れを読んで、時代に合った労務管理をした勇気のある**"合理的な経営者"**だと思います。

第 1 章

会社の売却について考えよう

1-1 会社を商品化しよう

　廃業を考える手前で、思いを巡らすのは後継者のことや、従業員、そして家族…。はじめに心を惑わすのが、**人間関係の処理**です。そもそも仕事を続けていけるならば、こうした問題は起こりません。会社を残す方法として、自分以外の人が社長になって、あるいは他社の傘下で子会社になって生きる道もあります。

　会社を丸ごと活かすのが難しい場合には、分けていくことも考えましょう。例えば、販売部門とか製造部とか、単独で成り立つ仕組みが切り出せるならば、そこだけを分社化するようにして生き延びることができます。とりわけ他社と一緒になって延命が可能なのが、**情報と技術、人材を求める企業が多い**からなのです。たとえ経営は赤字とはいえ、ソフトな経営資源（ノウハウ・顧客名簿・取引先）は、再活用可能な場合が多いためです。

　ひとつの会社として、フルセットでまとめて売却が難しい場合も、あきらめないで専門家と相談しましょう。

次頁の表にチェックを入れてみましょう。まずは会社を売却できるのか考えましょう

第1章　会社の売却について考えよう

会社が商品として売れるための条件づくり		内　容	☑
会社の 磨き上げ	収益の向上・利益率を上げる	付加価値の見直し	
	先送りしてきた案件の処理	紛争の処理	
	不良債権の損切り	簿価の修正・未収金の処理	
	不採算部門の撤退	赤字の原因を切り取る	
取引先との 関係改善	価格交渉	単価交渉	
	与信関係の維持	買掛サイト	
	悪条件の回復	納期・回収サイト	
金融機関	借入金の整理	個人への振り替え	
	個人保証の差し替え	担保が抜けるか	
株式の処置	すでに分与した株式の買い戻し	株価算定・資金準備	
	不明の株主や名義株の処理	株主解消届	
会社の 見える化	薄外資産の明確化	保険金・共済金など	
	核となる当社の強みを文書化	ビジネスモデルの明確化	
	競争力の源泉	取引先の満足度	
	組織図と社内ルール	儲けの仕組みを明文化	
従業員	人材の流出防止・免許の明示	保有資格のリスト・技術評価書	

①経営の見える化

　まず取り掛かるのは"会社の今"を「**経営の見える化**」することです。どんな商品でも中身が分からなければ買い手に伝わりません。決算書や登記簿で確認できることは分かりやすいです。

　それでも、売掛金や必要経費の詳細や、棚卸しの実態は詳しい説明が必要です。今までドンブリ勘定でやってきた会社は、**他人に説明できる**ように数字の整理と具体化が必要になります。

21

会社の"終活"読本

②会社の磨き上げ

ここでひとつ、肚を決めていただきたいことがあります。

それは、今までの慣例やナアナアで進めてきた、決算書の記載方法を見直すことです。

誰が次の経営者になるにしても、見やすく分かりやすい書類が必要です。一般的な会計ルールではなく、当社独自のやり方や解釈の仕方を改めて、後継者にとってこれからも継続できる方法に変えていくことです。ズバリ申し上げるなら"粉飾はもうやめる"ということです。

もう一つの観点が、会社が今日まで経営を続けてこられた「無形の価値」、とりわけ目に見えない**「ソフトな経営資源」**については、分かりやすい説明が必要なのです。そもそも、どうして当社が"今日まで生き延びてきた"のでしょうか。"経営トップの力量"という説明では誰も買い手になろうとはしません。その人がいなくなったら経営が続かない、ということを言っているわけですから。

どの会社にも仕事を回す仕組み、利益を生むことのできる"ビジネスモデル"があるはずです。例えば、同業他社とは違って「資格を持った社員が多い」とか、営業事務の女性たちがテキパキとした受け答えをするので「顧客からの信頼が厚い」とか、社員が次々と工夫して仕事のやり方を自己改善する「提案制度がある」とか、モノづくりのための部品や外注先がしっかりと「ネットワーク化」されているとか、挙げればいくらでも出てくるはずです。

そうした**"目に見えない会社の価値"**が利益を生み出していたのです。

ただ、人に説明するのが苦手な会社が多いです。特に製造業で、単一の仕事を下請けのように指示に従って、加工賃で回していたような中小企業では、**本来の自分の会社の価値に気がついていない経営者が多いの**です。こうした状況では、会社は売るための商品として"パッケージ化"されているとは言えません。

第1章　会社の売却について考えよう

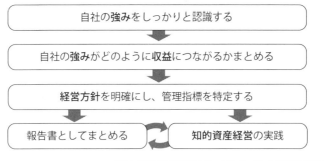

（中小企業庁知的資産ポータルサイトより著者作成）

知的資産経営へのステップ

　改めて、自分と会社と従業員、そして取引先、外注先との関連を見直してください。そして、自社の機能や**「付加価値の生まれる仕組み」**を説明できるように、文章にまとめなければなりません。
　具体的な形としては中小企業庁が勧めている**「知的資産経営報告書」**がピッタリなのです。本来は現社長が作り上げなければならない大切なものですが、後継者が自分の会社を理解するための道具として、そのために苦労して作らせるというのも良い活用法です。

③他人に任せることに挑戦
　創業社長にとって、"会社は我が子と同じ"だと思います。「自分と会社が別々になるなんてありえない」と思っていませんか。
　しかし、親が娘を嫁に出す時の心境と同じで、次の時代を築くためには、若者の手に譲っていくしかないのです。どれほど手塩にかけて育てた娘でも、父親が夫の代わりを務めることはできないのです。
　他人の企業に会社を切り売りするのは気が進まないと思う気持ちも分かりますが、従業員や取引先のためにこそ、ここは肚を決めて、渡せるように準備しましょう。

会社の"終活"読本

1-2 M&Aは上手に活用しよう

　M&Aという言葉が浸透し、仲介事業を営む会社が一部上場するまでになりました。これほど短期間で成長した業界はあまり多くありません。それだけ、"会社の譲り渡しと譲り受け"のニーズが高く、社会的な必要性があるのだと思います。

　ただし、この世界はプロフェッショナルでもてこずる事案が多く、民法、会社法、税法が入り組んでいる複雑な分野でもあります。また、仲介斡旋するのに専門的な資格や業法もないために、一部不心得な業者がいることも分かってきました。

　そこで、外部に委託するのでしたら、安心できる専門業者を選んでください。そして、必ずセカンドオピニオンを入れて、確認作業をすることを勧めています。企業のサイズが小さい場合は、国が運営する相談窓口を活用してください。詳しくは**第2章2-2**で説明します。

　ここでは、M&Aの仲介を手がける株式会社ストライクの石塚辰八執行役員の話を踏まえ、実務の流れと注意点を紹介します。

　時代の流れを受けて、会社を譲渡して自由の身になる経営者は増加の一途をたどっています。昭和の時代では、M&Aは大企業の専門領域でしたが、現代では経営課題を解決する有効な選択肢であり、中小企業でも利用できる方法としてクローズアップされています。

　それでも皆さんが耳にした実際の案件数は、氷山の一角に過ぎないのです。

　理由は、中小企業のM&Aには公表義務がないからです。一般に公表義務のある上場企業と違い、未公開会社の所有者が変わるということを世間が知るには、調査会社で調べるしかありません。M&Aを活用してリタイアしたオーナー経営者は公表してもメリットがないので黙っています。そのため、皆さんがあまり耳にしないのです。

24

M&Aの成功者は二重の喜びと、かえようのない安らぎを手にして、第二の人生へとハッピーリタイアしています。会社の未来は有能な経営者にバトンタッチし、株式の売却益を現金で手にし、重い荷物だった個人保証や担保の提供から解放されて、代表取締役としての社会的責任や従業員の生活保障まで、すべての義務から解放されて、本当の意味で**「自由人として一人の市民に戻る」**ことが可能なのです。

これまで育ててきた会社を第三者の手に委ねると、決めるまでの心の葛藤の時間を除けば、おおむね半年から1年あればM&Aのゴールに立つことができます。

M&Aは大手だけでなく、中小企業も検討するべきなんですね

仲介業者による手続きの流れは以下の通りです。

M&Aによる"縁談"がスムーズに行われるよう、まずは譲渡するオーナーとさまざまな意見交換や情報収集を行います。その後、希望価格の聞き取りを終えてから、最適な相手を選び出して、譲り受ける会社のオーナーとの面談をセッティングします。これはお見合いの場をつくることと似ています。

譲る側の社長は、最愛の娘を嫁に出す父親の気分です。とにかく寂しいのです。現実的には事情さえ許せば会社を手放すことは考えたくないのでしょう。しかし、経営の限界点が見えて、次の成長へのステップが探せない場合や、経営者の体調不良や加齢も理由にあがりますが、過半数を占める**譲渡の理由**は「**後継者がいない**」ことなのです。

会社の"終活"読本

　会社は経営者の個人的な所有物とは言えません。社会的な機関であり、世の中の役に立つために存在を許された、お金を儲けて従業員が生活の糧を得る、人生の大半をそこで過ごす生活の場でもあるのです。

　これを雇用責任として重く受け止めている経営者がたくさんいます。こうした生真面目な経営者の方にこそ、M&Aという道を検討して欲しいと思います。

　上手にM&Aを成功させるポイントを整理すると、

①意思決定を早くする

②会社は生き物ですから"旬"を大切に

③譲り受ける側の企業のことも考えてみましょう

④家族、株主の同意をもらいます

⑤会社のキーマンに、そっと誠意をもって話します

⑥従業員へ、取引先へ、金融機関へと話を広めます

⑦トップの引継ぎには1年くらいの時間が必要です

⑧新経営者を従業員に認めてもらうために上手にフェードアウト

※ただし、話すタイミングは要注意です。

　会社の売却は物売りとは異なります。一番大切な従業員のモチベーションを上げるためにも会社がより良い状況に、成長軌道に乗ることが大切なのです。経営者そのものが意欲をなくしているとしたら、それこそが一番大きな経営のリスクです。

　やる気のないトップの下で、一生懸命働く従業員はいません。みんな上を見て暮らしています。社長は会社そのものを映す鏡です。それが曇っていて、ゆがんだ像しか映さなくなったら、目先が利く、仕事のできる人から去っていくでしょう。

　そういう経営者の人間としての品格が、企業のサイズや業績を決めてしまう事例も多く見受けられます。

第1章　会社の売却について考えよう

売り手五訓

一、売り時を逃すな

　もったいないと思うぐらいの時が「売り時」としてちょうど良い。手放すのが惜しいと思える会社だからこそ、買い手がつくのです。

二、最終的にはトップの決断で

　家族や役員に意見を求めてもさまざまな意見が出て、往々にして「船頭多くして…」という結果となります。

　トップの決断であれば、皆が尊重してくれるものです。

三、常に企業価値を意識して

　魅力のない会社に買い手は現れません。日頃より企業価値を意識した経営をして、相手が欲する会社にしておくことが肝要です。

四、売却条件の優先順位を明確に

　M&Aは、譲る相手がある以上、すべての要求が通ることはありません。条件に優先順位をつけ、相手に歩み寄ることも必要です。

五、第二の人生設計を明確に描こう

　売却後の豊かなセカンドライフを楽しめるのは、創業経営者に与えられた特権です。衆目を気にせず、その特権を堂々と享受すべきです。

（株式会社ストライクの資料をもとに著者作成）

会社の"終活"読本

　少し厳しい言い方になってしまいますが、一旦、自分と会社を切り離して、この会社にふさわしい経営者が他にもいるかもしれないと、考えてみましょう。そして、自分自身が経営の足を引っ張っていないか冷静に考えてみてください。もし、そこに気がつくことができたら、会社が良い状態の時に、事業意欲の旺盛な会社に譲り受けてもらう方が、**従業員にとっても幸せな結末**と言えるのではないでしょうか。

　M&Aによる事業承継も経営という流れを止めることなく、企業の命を長らえるために経営者や株主を入れ替えながら、より良い会社にしていくことを目指していきます。

1-3 従業員への「のれん分け」を活用しましょう

　社員の中から後継者が出てくれることはありがたいことです。特に、借り入れが残る場合や、従業員の雇用問題がキーポイントの場合、会社の中から次期社長が出ることで、次の経営の安定感がまったく違ってきます。会社を知り抜いている従業員幹部がトップになるのですから、仕事の流れは今まで通りに運営が可能で、部品供給やメンテナンス契約が残る場合には最高の解決策になります。

　従業員が会社を購入する場合は、長期返済計画での購入が多いです。

　そこで、しっかりとした**返済計画とキャッシュフローの確認**が必要になります。同時に、資金繰り表や事業計画書も提出しなければなりません。また、金融機関からは、従業員（役員）は創業者と見なされますので、与信能力を上げるためにも、公的な創業支援を使い、先に信用力を示しておきます。具体的には**信用保証協会や公庫の活用**を目指します。

　そして、外部関係者からの与信提供を書面などでもらっておき、金融機関の支店長と面談して協議する材料にしましょう。最終的には引退する側が債務保証期間を提供することも視野に入れて、従業員が社長に

28

第1章　会社の売却について考えよう

事業の歴史・データブック　＝　会社の見える化

項　目	内　容	ポイント	☑
創業の記録	当社に入る前	事業の沿革を語る 証言者として 記録に残す その時の気分は？	
	思い立った時の気持ち		
	入社		
	初の役付き		
	取締役就任		
	自分が承継した時		
	親から託された時		
黒字転換の時	金額	事業経営の喜びを形に	
	貢献した商品		
	その時の苦労と思い出		
危機に瀕した時	大きな借金	回復のポイントはどこか リスクヘッジの 知恵は何か	
	在庫の山		
	不良品・返品		
	事故		
	不可抗力		
	取引先との連鎖		
立ち直りの時	きっかけ	人間関係は最大の財産	
	助けてくれた人・恩人		
	教訓		
将来に託す夢	経営の理念	社訓として形にして 「見える化」	
	会社への想い		
	社員に言いたいこと		
贈る言葉	企業は永遠に		
想いを形に	企業の見える化	知的資産経営報告書	

会社の"終活"読本

なって巣立つまで柔軟に支援する気概が必要です。

　事業の歴史・データブックを作り、後継者にプレゼントしましょう。引継ぎの記録・会社案内の原稿にもなります。

1-4 他人に売る場合、価格の決め手は情報の価値

　会社の売買価格は誰が決めるのでしょうか。

　算定は、会社が生み出すキャッシュの額が前提です。基本的に儲けがなければ価値がない、ということになりますが、赤字でも売ることは可能です。それには四つの理由があります。

　一つは、会社に資産となるものが含まれている場合です。多額の借入があっても、不動産などの「価値があるもの」が含まれていれば売却価格に上乗せができます。また、目に見えない価値を"見える化"することができれば、買い手が欲しがるようになります。分かりやすく丁寧に内容を説明すれば良いのです。とりわけ人脈に関する情報はお金になります。

　個人情報保護法の施行以来、顧客名簿や取引先の名簿などの管理は厳重に行われるようになりました。また、名簿を単独で売買することは禁じられていますが、営業譲渡なら可能です。仕事をする上で必要な道具の一つとして扱われているからです。

　二つ目には、従業員の持つ付加価値です。これは大幅に上がっています。人手不足と人材の募集費・研修費の高騰から、**社員の雇用**を引継げることが大きな価値になります。有資格者（免許保有者）であれば、さらに大きなメリットです。ここにおいて、従業員の再雇用問題は逆転現象を生んでいます。建設業や警備員の派遣業では、人手欲しさの企業買収すら起きています。

　三つ目は、「中古品の市場」が確立したことです。これは社会現象と

第1章　会社の売却について考えよう

お金になるモノの洗い出しリスト

| 仕事を続けるために必要な資産を洗い出す | 企業価値リスト〈お金に換えられるもの〉 | | ☑ |
内　容	項　目	￥	
保有資格・免許・継続雇用	従業員		
技術力・教育力			
キーマン条項・継続雇用	幹部社員		
免許・許認可	営業権		
取引先との契約・専売権			
実用新案・ブランドネーム	特許		
顧客名簿・取引先リスト	営業情報		
売掛金・未収金			
車	設備リスト		
機械装置・設備・工具			
在庫品	品物リスト		
資材			
仕掛品			
業界の特殊条件・供託金など	その他		
希望価格	合　計		

も言えます。古本や**リサイクルマーケット**の会社が株式上場しており、それぞれの業界ごとにリサイクルの流れに乗せるための、中古品の取扱業者が存在する時代になりました。

　今までは企業の閉鎖に伴う設備機器類は廃棄され、建物や店舗の原状復帰のためのコストがさらに上乗せされるため、会社の片づけには大きな費用が掛かるのが常識でした。

　しかし、こうした中古品のマーケットとリサイクル業者の存在によって状況は大きく変わりました。打ち壊してゴミにする前に、買取業者の活用、仲間への譲渡の可能性を考えてみてください。

31

会社の“終活”読本

　四つ目の潮流は**ネットオークション**の活況ぶりです。

　有名なのはYahooオークションです。特に、「官公庁オークション」では公共機関や行政から出てくる払下げ品が高価格で落札されています。また、国税庁が売り出す競売品の中には、税金のために現物納付された土地や、差し押さえられた資産も含まれており、ビジネスマンが落札に参加しています。

　こうした価格の明示されたサイトの売買実績は、決算書の資産価値を決める時の価格として利用することが可能です。**合理性の高い価格決定**の仕組みとしても認められています。

　最後に残ったものも、メルカリなどのフリーマーケットサイトで換金することで、ゴミを減らし社会的な負担を和らげて現金を得ることができます。それでも特殊な資材や専用工具、工場などの固定的な設備は処分に困ります。ところがこれも、見方を変えると宝の山です。同業者であればこそ、その価値が分かります。「店舗を居抜き」で買えることは大きなメリットになります。すべてを新品で用意したらいくらになるか、専門家ならすぐに判断できます。

　とにかく、「捨てる・処分する」と決めたなら、最後まであきらめずに、お金に変えることを考えてください。**第3章3-13**でも説明します。

32

第1章　会社の売却について考えよう

コラム　二つ目のＫ〈家庭〉家族の価値に気づく時

経営者は孤独だと言われます。その理由は何でしょうか。

一人で考えて、一人で結論を出さなければならない、究極の判断は「自己責任」だと言われるからでしょうか。あるいは経営が詰まってくると、経営以外に現場もこなさなければならないからでしょうか。

いずれにしろ、人に相談できず悶々と悩むのが経営者なのでしょうか。

この本の執筆にあたり、私は改めて担当した事例をひも解いてみました。不思議なことに解決に向かう時の大きなきっかけが、「家族からの一言」にありました。

あれもダメこれも上手くないと、会社のたたみ方にGOが出ない時、あるいは自分自身が納得できない時、私は奥さんや子どもたちと話し合いの機会を作るように提案してきました。

当事者は頭が混乱していたり、想いが交錯して感情的になったり、いつもより興奮している時もあります。

そんな頑張り屋さんを一番心配しているのは奥さんと家族です。

極端なほどの独断と思い込みで、走り続けてきたワンマン社長ですら、最後にすがりつくようにしたのが、妻の膝の上です。きっと受け入れてもらえない、話し合いなど必要ない、最初から誰も頼りにならない、そんな風に思い込んでいる孤高の経営者でも、家族だけは別の存在だということを考え直して欲しいのです。

「家族会議」などと言うと大げさで、格式張って、本音で話ができるものではないと思い込んではいませんか。時には私が状況説明したり、社長の気持ちを代弁することもありましたが、ほとんどす

べての事例で、奥さんや子どもたちが、最後は経営者を辞めて、父である、夫である"ひとりの人"に戻って欲しいと言います。「私の胸に帰ってきて」と奥さんは待っているのです。

　頑張りすぎは良くないのです。弱みを見せて、泣きごとを言って、最初に頭を下げて許しを請うのは、皆さんの家族に対してなのです。それも経済的なことよりも、「心配かけてすまなかった」と、会社と別れる決心がついたことを話して欲しいのです。

　仕事に夫や父親を奪われたと思っている家族はとても多いものです。それでも、いつかはきっと戻ってきてくれると思っています。**家族へのメンツや体面にこだわるのをやめて**、素の自分に戻り、一人の人間として妻や子に助けてもらいましょう。

　第4章をお読みいただくと分かりますが、廃業の決心をする、その時には**家族が応援**に回っていることが普通なのですから。

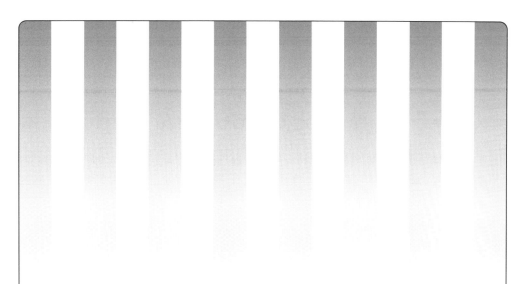

会社の片づけ方について考えてみよう

会社の"終活"読本

2-1 リタイアは悪いことではありません

　60歳以上の経営者の方々は、貧しい時代をたくましく生き抜いてきた厳しい親に躾けられた人が多いせいか、廃業して引退することを悪いことのように思いがちです。

　昔の商家は、主が50歳になると、家督を長男や娘婿に譲って隠居する人が多かったそうです。日本で初めて日本地図を作った伊能忠敬は、50歳で大店を長男に譲って隠居し、江戸に出て天文学と測量術を学び、55歳から17年かけて日本中を測量して歩きました。伊能忠敬のような偉人の真似は難しいですが、後継者がおらず、いたとしても事業に承継する価値が残っていない場合は、早めに事業をたたみ、リタイア後の第二の人生を楽しんで頂きたいものです。

　廃業すべきかどうか迷っている経営者に多い相談内容と支援機関の回答を引用しながら、中小企業白書の統計資料と共に紹介します。

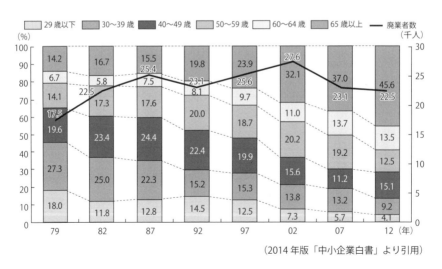

（2014年版「中小企業白書」より引用）

我が国の自営業主の廃業者数と年齢別構成割合の推移

第2章　会社の片づけ方について考えてみよう

Q 廃業する経営者は増えているのですか？
A 1982年以降、自営業主の廃業者数は2万人を超える数で推移しています。

Q 廃業した人の年齢構成はどのようになっていますか？
A 60歳以上が約6割を占めています。中小企業経営者の年齢分布は、1995年の最頻値の年齢が47歳だったのが、2015年には66歳になりました。2020年頃には団塊世代の経営者が大量に引退時期を迎えると言われています。

Q 廃業時の会社の財務状態はどうなっていますか？
A 資産超過または資産と負債が均衡している人が約8割で、債務超過は約2割です。また、黒字でも廃業を決断している人が4割強もいます。廃業した企業の多くが、余力のある内に廃業を決断しているということです。

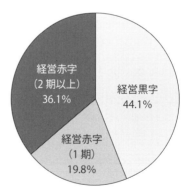

（2014年版「中小企業白書」より引用）

　　廃業時の資産と負債の状況　　　　　　廃業時の経営状況

会社の"終活"読本

Q 廃業を決断する時の理由は何ですか？

A 経営者の高齢化と事業の将来性の厳しさです。高齢になって、体力と気力が衰えると、判断力が鈍り、新たな設備投資などもしなくなるので、稼ぐ力がどんどん低下します。それで、事業の先行きに対する不安が大きくなるようです。

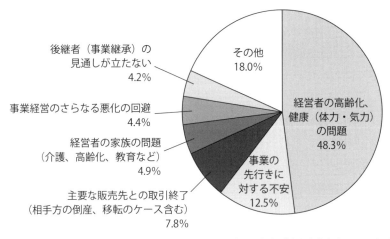

（2014年版「中小企業白書」より引用）

廃業を決断した理由

Q 廃業を決断するのはどのようなタイミングが多いのでしょうか？

A 廃業の1〜3年前から廃業の可能性を考え、廃業の決断までに数カ月の時間をおいている人が5割を超えています。この数字を見ると、廃業するまでには、考えることや準備することが多く、短期間で簡単に廃業することは難しいということが分かります。

Q 経営者が廃業を決断する時に心配したことは何でしょうか？

A 顧客への影響、家族への影響、経営者個人の失業、が多いです。
家族への影響と同じくらいに顧客のことを心配している経営者が多いことに驚かされます。

第 2 章　会社の片づけ方について考えてみよう

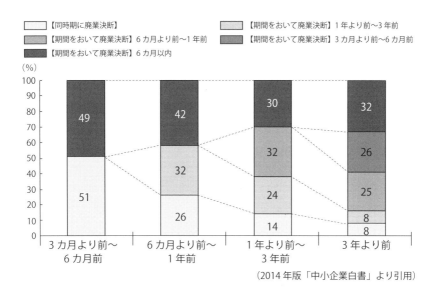

廃業の可能性を感じ始めた時期と廃業を決断した時期

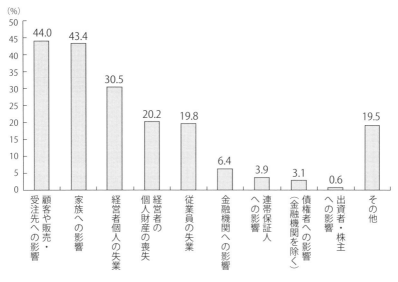

廃業を決断する時に心配したこと（複数回答）

会社の"終活"読本

Q 廃業時に直面する課題はどのようなことが多いのでしょうか？

A 取引先との関係の清算、事業資産の売却、従業員の雇用先の確保、です。このことから、経営者は長年付き合いのある取引先に対してなかなか廃業の意向を言い出せず、廃業が先延ばしになっているものと推測できます。

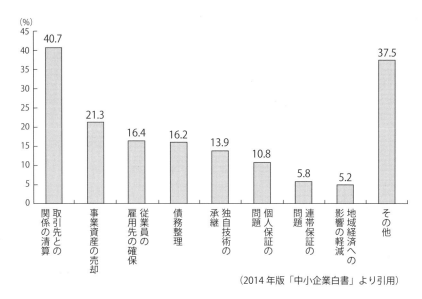

(2014年版「中小企業白書」より引用)

廃業時に直面した課題（複数回答）

Q 経営者たちは廃業を回避する可能性を高める取り組みをしたのでしょうか？

A 「どのような取り組みをしても廃業は避けられなかった」人が約4割です。次に多かった「早期の事業承継への取り組み」が9.2％しかないことを見ると、事業承継をあきらめてから廃業するまでの時間が長くなっていることが推測されます。実際、「身体が動く間は何歳まででも頑張る」と言い張って、引退時期を問われると機嫌が悪くなる経営者は多いのです。

第 2 章 会社の片づけ方について考えてみよう

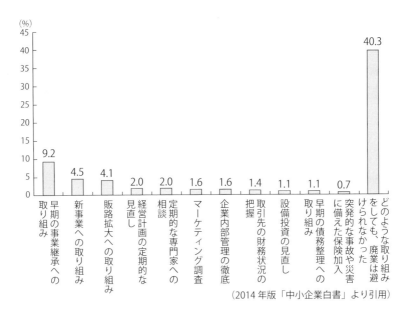

廃業を回避できる可能性のあった取り組み

Q 廃業の決断が遅れるとどうなるのでしょうか？
A 自主的に負債を清算する余力がなくなって破産に追い込まれることが多くなります。その結果、仕入先への買掛金、協力会社への未払金、従業員への未払給料、金融機関への借入金、未払税金、未払社会保険料などの債務を完済できなくなり、多くの債権者に迷惑をかけることになります。

Q ということは、早めに決断してリタイアすることは悪いことではないのですね。
A その通りです。お世話になった方々に対して迷惑をかけないように、時間をかけて会社の片づけができるので、良いことづくめです。資金と体力に余力のある方は、廃業してしばらくすると、もう一度起業する方もいるくらいです。

会社の"終活"読本

2-2 気軽に専門家に相談しよう

　経営者、特に、中小企業の社長は相談できる人が近くにおらず、なんでも一人で抱え込んでしまう人が多いようです。第三者に悩みを話すことで問題点が整理され、頭がスッキリし、取り組むべき対策の優先順位が見えてきたりします。今の日本は無料で相談できる支援機関が多いので、相談上手になって複数の支援機関から役立つ情報を収集しましょう。

Q 経営者たちは、廃業に際して誰に相談しているのですか？

A 真っ先に挙がるのは「家族・親族」で5割弱、次は、「公認会計士・税理士」で7%弱、一方、「誰にも相談していない」が3割弱もあります。

Q 廃業について相談しない理由は？

A 「相談しても解決するとは思わなかった」「相談しなくても何とかできると思った」「企業のことは誰にも相談しないと決めていた」という経営者が7割を超え、一人で悶々と悩む経営者の孤独な姿が浮きぼりになります。

Q そもそも廃業は応援してもらえるのでしょうか？

A 廃業が遅れると破産が増えて、その結果、世の中の不良債権が増えることになるので、金融機関や支援機関はそうならないように支援することが政府や行政機関から求められています。

Q 支援機関に相談する場合は、どのような気構えで行けば良いのでしょうか？

A まずは情報収集先として活用するのが良いでしょう。特に、支援機

関は、利害関係のない第三者なので、耳の痛い厳しい助言も聞くことができます。また、活用できる公的な支援施策があれば活用しない手はありません。

なお、支援機関の相談員も経験や力量に幅がありますので、一人の相談員の助言を鵜呑みにするのではなく、複数の機関や相談員のセカンドオピニオンを比較して取捨選択し、自社に最適な廃業計画を作り上げていくのが理想的です。

Q▶ 金融機関に相談する場合の留意点は？

金融機関に廃業を話す時は、タイミングと相談先を慎重に選ぶ必要があります。

金融機関への相談は、資産を処分すればすべての負債を完済できる、ということが前提になります。決断が遅れて負債が資産を超過するような事態を招かないようにしてください。

相談する場所、相手はたくさんいます。
まずは「人に話す」ことが大切なんですね

会社の"終活"読本

Q 決めきれないで迷っている時に、銀行に相談して良いのでしょうか？

A 会社の財務状態を一番気にしているのはお金を貸している銀行です。そこで、これから廃業に着手するというタイミングでは、自社の情報を守り、うかつに外部に話すのはやめましょう。銀行に知らせるのは最後になります。

決算書上は資産超過であっても、資産を個別に時価評価していくと、回収の難しい売掛金や貸付金、売れない不良在庫、処分価値のない機械装置などが明るみになり、実際の評価金額が帳簿上の金額の3分の1くらいになってしまうこともあります。そうなると、実質的には債務超過で破産処理に追い込まれる、ということになります。連帯保証している経営者が担保に入れている自宅不動産の時価評価額も合わせて、負債のすべてを返済できそうかどうか、顧問税理士を頼れない場合はプロの事業承継士に相談しましょう。

Q 身近な支援機関にはどのようなところがありますか？

A まずは、市役所や区役所、町役場の中にある商工労働課や経営支援課などで相談に乗ってもらうことができます。

Q 47都道府県すべてに相談できるところがあるのですか？

A 各都道府県に「中小企業支援センター」としての役割を担う財団法人が設置されており、中小企業の経営を多面的に支援しています。語尾に「支援センター」「振興機構」「振興公社」「振興センター」と付く名称が多いです。

Q 会員でなくても商工会議所や商工会には相談できるのですか？

A 相談できます。商工会議所は全国に515カ所あり、商工会は全国の町村部に1667カ所あります。どちらも、法律に基づいて設立された公的な支援団体ですので、気軽に相談してみてはいかがでしょうか。

第2章　会社の片づけ方について考えてみよう

Q 役所や商工会議所、商工会などで顔見知りに見られたくないような場合はどこへいけば良いですか？

A 47都道府県にある「よろず支援拠点」に行くと良いでしょう。ここは国が中小企業のために設置した経営相談所で、無料で何回でも相談が受けられ、コーディネーターの中には中小企業診断士のほかに、弁護士や税理士、社会保険労務士などの専門家も揃っていますので、電話で予約して相談に行くことを勧めます。

Q 法的な整理を電話で相談できる支援機関はあるのですか？

A 日本弁護士連合会が、「ひまわりほっとダイヤル」という無料の電話相談サービスを行っています。全国共通の電話番号（0570-001-240）にかけると、最寄りの弁護士会につながります。

Q 資金繰りが苦しくて倒産が心配な場合はどこへ行けば良いですか？

A 国は中小企業施策として「経営安定特別相談事業」を行っていて、専門家の支援が無料で受けられます。全国の主要な商工会議所または都道府県商工会連合会に設けられている「経営安定特別相談室」で相談に応じています。

2-3 困った時には専門家に頼ろう

　会社が大きくなっていくと、総務部や経理部、営業部、経営企画室など、専門部署が必要になっていくように、会社経営には実にさまざまな役割・機能や専門知識が求められます。

　中小企業は使える資金が限られていますから、何人もの専門家と顧問契約を結ぶわけにはいきません。ですから、小さな会社の経営者は相談相手が少なく、他人に相談することに慣れていません。

45

会社の"終活"読本

　あなたが解決したい問題の解決策を持っている専門家は誰なのか、その支援機関に適切な相談員がいるのかいないのか、いなければどこに相談に行けば良いのか、という意識を持つことが大切です。最適な相談員と出会うことが問題解決の早道なのです。

　廃業を検討し、決断し、廃業計画を立てて、実行していく一連の過程において、中小企業診断士や弁護士、税理士、社会保険労務士、事業承継士といった専門家の専門知識が必要な場面がたびたび出てきます。これらの専門家たちの専門領域と専門知識をどの場面で活用すれば良いのか知っておく必要があります。

2-4 まずは中小企業診断士に相談してみよう

　中小企業診断士は、中小企業の経営課題に対応するための診断・助言を行う専門家です。廃業の相談では、中小企業診断士に「自社の事業性の評価」を診断してもらいましょう。

　事業も製品もサービスも、人間と同じように歳を取ります。事業や製品も、稼ぐ力が次第に弱まっていきます。主力製品が衰退期に入り、どのように改善策を施してもまともな営業利益を生まなくなった場合は、「事業の終末期の到来」と受けとめることが必要です。営業利益が赤字になっても、「世の中の風向きが変わればまた良くなるさ」と現実を直視せずに、**事業にしがみついてしまう経営者**は、負債が雪だるま式にどんどん増えて破たんに追い込まれるのです。

　経営診断によって**事業の終末期を自覚**できたならば、その次に知るべきは「会社の余命」です。

　そして、残された時間で何をどこまでできるか、廃業計画を作ります。長年お世話になった方々に迷惑がかからないよう、時間をかけて会社の片づけに取り組み、"有終の美"を全うすることができるのです。

46

現在の営業状況で推移すれば現預金残高がいつまでもつか、資金ショートに至るまでの時間が余命です。

資金ショートするまでの時間（余命）

営業キャッシュフロー（税引き前当期利益＋減価償却費－税金）
－ 財務キャッシュフロー（金融機関への年間の返済額）
───────────────────────────
現預金残高の増減額…Ⓐ

現預金残高÷Ⓐ現預金残高の増減額＝資金ショートまでの年数

　直近の決算書を2期分以上持参して、今の営業状況で資金がいつまでもつのか計算してもらいましょう。

　ここで注意したいのは、新たな資金の借り増しや投資がないという前提で計算することです。代表者個人が借りて会社に貸し付けたり、一発逆転を狙った投資などは考えずに、**現在の事業の稼ぐ力**でいつまで持ちこたえられるのか冷静に計算するのです。

　廃業すべきかどうか迷っている段階では、支援機関の中小企業診断士に相談して、事業内容や決算内容を詳しく見てもらい、初期の見極め診断を受けることが何よりも重要です。

会社の余命は予測できるのか。
残された時間が分かれば、
できることも増えます

2-5 法的な処理は弁護士に頼るしかありません

　廃業を決断し、会社をたたむ場合、法的な処理が必要かどうかを判断する必要があります。負債より資産が多くて、すべての負債を債権者に完済できれば、どこからも文句は出ませんから、会社をたたむのは難しくありません。

　しかし、資産より負債の方が多く、または、資金繰りに窮して支払い不能になり、債権者に全額支払いできない場合は、「破産手続き」が必要になります。

　破産手続きは、破産法に従って、裁判所から選任された破産管財人が、破産者の財産をお金に換えて、債権者に公平に配当することを目的にした制度ですので、裁判所への破産申立ては弁護士と委任契約を結んで依頼する必要があります。申立てから破産手続き終結までは、普通、半年くらいかかります。

破産手続きの仕組み

一般的な自己破産処理の流れと要点

①**申立ての準備**：負債の調査・対応、財産の調査・管理、継続中の取引と雇用契約の処理

②**破算手続き開始の申立て**：裁判所に自己破産の申立て。費用の発生の準備

③**破産手続開始決定・破算管財人の選任**：裁判所の決定後、破産管財人の選任

④**財産の管理・換価手続・債権調査確定手続**：売掛金の回収、不動産の売却など財産の換価作業、同時に債権の調査。破産者は、破産手続きへの協力義務があり、破産管財人の指示に従い、説明や追加資料の提出を求められる

⑤**債権者集会**：破産管財人が債権者集会を開いて財産状況を債権者に報告。破産者も出頭。東京地裁では、会社の場合、申立ての約3カ月後に第1回債権者集会が開かれる

⑥**配当手続**：債権調査と財産換価の終了後、破産管財人が債権者に配当して終わる

⑦**破産手続終結決定**

（「事業の継続・再生・整理のポイント　未来へつづく経営をめざして」
東京商工会議所、2017年1月発行より引用）

なお、③「破産手続開始決定・破算管財人の選任」の段階で、配当に回す財産がないことが明らかになった場合は、破産手続開始と同時に終了するので「同時廃止」と呼ばれます。また、⑥「配当手続」の段階で、破産管財人が集めたお金が手続き費用にも満たない場合は、配当せずに終了し、「異時廃止」と呼ばれます。

次に、負債よりも資産の方が多く、負債のすべてを完済できそうだと見込んで**任意整理を行う場合**であっても、整理すべき債権債務が多岐にわたり、交渉すべき債権者が多い場合は、弁護士に依頼する方が無難で

会社の"終活"読本

す。なぜなら、借入金の返済やリース契約の中途解約金の支払い、各種の継続取引の解約と精算などを進めていく過程で、計算違いから資金不足に陥り、結果、自己破産を余儀なくされることが結構あるからです。

弁護士であれば、会社の破産申立てをする場合、連帯保証している代表者個人の自己破産も同時に申立てて、代表者個人の免責を得ることが多いのですが、自己流で任意整理に失敗すると、個人は連帯債務の弁済責任を免れることができない、という悲劇が起こり得ます。弁護士に依頼してすべての債権者に「受任通知」を出してもらえば、強面の債権者との交渉も代理してもらえるので、慣れない交渉で神経をすり減らすことも少なくなり余裕が生まれます。

債権者との交渉は弁護士の独占業務で、他の職種の人間は代理人になれませんので、不測のリスクを回避するためにも弁護士に依頼することをお勧めします。

法的な処理を依頼する場合は、弁護士に費用を確認して委任契約する必要がありますが、方針を決定するまでの初歩的な相談であれば、主要な商工会議所や商工会連合会、都道府県の中小企業センター、よろず支援拠点などで弁護士の法務相談を受けられる機会がありますので問い合わせてください。

2-6 | 会社の清算手続なら司法書士に依頼しよう

個人事業主で、整理するのに手間暇のかかる継続取引も少なく、すべての負債を難なく完済できる場合の廃業は簡単です。

負債の全額を精算した後で、所轄の税務署に必要な届出書をご自身で提出すれば済むからです。

しかし、会社となると、会社法に従った所定の面倒な手続きが求められますので、司法書士に依頼するのが無難でしょう。

第2章　会社の片づけ方について考えてみよう

解散・通常清算手続の流れと要点

①**株主総会の開催**

②**解散決議**：株主総会は3回必要。株主全員の同意で招集と決議を省略し期間短縮は可能

③**会社解散・清算人就任の登記**：会社解散後、解散登記と清算人の就任登記

④**債権申出の公告・知れたる債権者に対する催告**：解散後、2カ月以上の期間を定め、債権者に対し、債権の申出をするよう官報公告と個別の催告

⑤**所轄税務署長などへの届け出・解散確定申告**：解散後、納税や社会保険の関係で解散の各種届出。解散の翌日から2カ月以内に解散確定申告が必要

⑥**会社財産調査、財産目録・貸借対照表作成**

⑦**株主総会の開催**：財産目録などの承認

⑧**現務結了、財産の換価処分、債権の取立て、債務の弁済**：取引先との契約の終了、売掛金の回収、不動産の売却などの換価処分。債権申出機期間終了後に負債の弁済。労働者との雇用契約の終了

⑨**清算確定申告**

⑩**残余財産の分配**：負債を弁済後に財産が残れば、株主が分配を受けられるので、早めの決断が有利になる。

⑪**清算事務の終了、決算報告の作成**

⑫**株主総会の開催**：決算報告の承認

⑬**清算結了の登記**

（「事業の継続・再生・整理のポイント　未来へつづく経営をめざして」
東京商工会議所、2017年1月発行より引用）

会社の"終活"読本

2-7 税金の計算は税理士に依頼しましょう

　経営者がリタイアするためには、「会社を承継する」「売却する」「解散して廃業する」の、大きく分けて三つの方法があります。いずれの方法を取るにしても、株式や現預金、債権、減価償却資産、不動産などの**財産の所有権の移転を伴うため、課税の対象**になります。

　経営者がハッピーリタイアを迎えるためには、株式の売却代金や役員退職金などで**老後の生活資金**を確保する必要があります。

　引退計画≒資金計画の部分が少なくありませんが、ここで納税計画がいい加減だと、不測の税金を取られて資金計画が狂ってしまいます。特に、税制は毎年のように改訂されることが多いので、税理士でなければ正しい税額の計算はできない、と言っても過言ではありません。事業承継やM&Aの際に重要な自社株式の評価方式も、計算方法が微妙に変更されるので、素人が算出することは困難です。**税金の計算は委任契約を交わした税理士に依頼**しましょう。

　また、会社の解散・通常清算手続きの過程において、「解散確定申告」や「清算確定申告」を行う必要がありますが、手続きが煩雑かつ厳格になりますので、税理士への依頼が不可欠になります。

自分でやるのは
気持ちも時間も負担があります。
専門家に任せましょう

第2章　会社の片づけ方について考えてみよう

[2-8] 廃業手前での会社売却の相談は公認会計士を頼ろう

　後継者が見つからない場合でも、やめるには惜しいキラリと光る会社があります。

　何代も続いた人気の高い和菓子屋や、一定の地域に持つ顧客数が多く業界シェアの高い会社、賃貸不動産の管理を任せてくれる大家や地主をたくさん抱える不動産会社など、今後も一定の収益を生み続けることが明白な会社を、M&Aで買いたい企業家は少なくありません。少子高齢化の速度が世界一速い日本は**企業家の投資機会が少なく**、投資先を探すキャッシュリッチな会社が多いからです。

　お勧めしたいのは、国が運営する事業引継ぎ支援センターへ相談に行くことです。会社を売り買いするためには、公認会計士による企業価値の評価・査定が必要不可欠ですが、公的支援機関である事業引継ぎ支援センターでは、経験豊富な公認会計士が相談に乗ってくれますので、**廃業が惜しまれる場合**はすぐに相談しましょう。

[2-9] 退職金の規定は社会保険労務士と早めに見直しましょう

　廃業を検討する際に、金融機関やリース会社に対する残債務、取引先への買掛金の精算ばかり優先して、従業員への退職金の確保をないがしろにすると裁判所での係争にまでもつれることがあります。

　景気の良かった**昔に設けた退職金規定**がそのまま残っていると、多額な退職金が足枷になって廃業もできなくなりますので、退職金規定を早めに見直しておく必要があります。

　ただし、長年貢献した社員の退職金を恣意的に減額する操作は「不利益変更」として認められないので注意が必要です。社会保険労務士に相

会社の"終活"読本

談しながら計画的に改訂作業を行いましょう。

　また、相続対策も絡むことから、株式の評価額を圧縮するために、**役員退職金を過大に計上して税務署から否認**されるような行き違いもありますが、社会保険労務士と相談した上で役員退職金規定を早めに整備し、計画的に廃業できるよう準備する必要があります。

2-10 | 倒産の危機が迫った時は商工調停士に相談しよう

　商工調停士は、「**経営安定特別相談室**」で中小企業の倒産に関するさまざまな問題を無料で、一緒に考えてくれる専門家です。金融業務や関連法規に精通したベテランが、「商工会議所」で業務を行っています。

　資金繰りが行き詰まって、どうしていいか分からないような時や、債権者との調整がつかないような場合はすぐに相談に行きましょう。

2-11 | ワンストップ廃業相談は事業承継士に頼ろう

　廃業には、中小企業診断士や弁護士、税理士、社会保険労務士など何人もの専門家の助けを必要とする場合があります。

　限られた時間と限られた費用の中で廃業を完了させるためには、いろいろな**専門家をコントロール**して、**費用と効果の全体最適**を図るコーディネーターが必要になります。

　そこで、一般社団法人事業承継協会は、事業承継問題の全体最適な解決を支援する専門家として「事業承継士」の養成・認証に取り組んでいます。事業承継支援のノウハウを体系的に身につけた事業承継士は全国各地で活躍しています。事業承継や廃業をワンストップで支援してくれるコーディネーターについては、同協会に相談すると良いでしょう。

2-12 廃業にもコストはかかります

　廃業には多額の廃棄費用が発生します。また、物件からの退去には原状回復費用がかかります。

　処分する資産も負債も少ない**個人事業主**が**自主廃業**するのであれば、特別に会計書類を整備する必要はありませんが、ある程度の規模の会社であれば、破産などの法的処理によらない自主清算であったとしても、会社をたたむためには、いくらの現金を用意しなければならないか、試算表を作る必要があります。

資産の処分価格 － 負債の一括返済額 － 廃業の各種費用 ＝ 残余財産

　この**残余財産がプラスとなることが自主廃業の条件**になりますが、マイナスならば破産などの法的処理を余儀なくされます。また、資産や負債の項目が多く査定が難しい場合は、費用を惜しんで自主廃業にせず、弁護士に依頼しての任意整理が無難です。

　いずれにしても、資産と負債を清算価値に計算し直し、廃業の各種費用を見積もって、廃業時の収支計算をすることになります。計算違いで自主清算のつもりが破算という顚末だけは避けたいものです。

結果を左右する重要な計算です。
正確な計算に気をつけましょう

会社の"終活"読本

2-13 | 資産の処分価格を わしづかみしましょう

　廃業日を宣言すると、債権者は一切の債務を一括返済することを求めてきます。したがって、限られた時間の中で資産を処分し換金化しなければならないので、その計算は平常の評価方法と異なります。この場合、破産や民事再生を裁判所に申請する際に提出を求められる「**清算貸借対照表**」の作成基準が参考になります。

　貸借対照表の借方にある勘定科目を下記の要領で評価し、資産の処分価格の合計額を把握します。

財産評価の方法（例）

現金・預金：実際有高で評価

売上債権：回収可能額で評価。清算時までに回収できない場合はゼロ評価。一般的には7掛け（30%マイナス）

有価証券：時価または時価相当額

棚卸資産：早期予想売却価格（いわゆる投売り価格）

前払費用など：一般的にゼロ評価

有形固定資産：早期予想売却価格

【一般的な評価掛け目】建物 70%、建物付属設備 0%、構築物 0%、機械装置 30%、車両運搬具 30%、工具器具備品 30%

土地：早期予想売却価格。時価の7掛け（物件により異なる）

無形固定資産：ソフトウェアなど換金価値がないものはゼロ評価

出資金：関連当事者への出資金はゼロ評価。回収可能性不透明な出資金は5掛け

保険解約返戻金：解約時の返戻金の計算を保険会社に依頼

差入保証金：契約内容を基に返還可能額を計算。特に、不動産賃貸借契約の場合、原状回復費用の控除の要否を検討

56

第2章　会社の片づけ方について考えてみよう

2-14 負債の一括弁済額を計算しましょう

次に、貸借対照表の貸方にある負債の勘定科目の明細一覧表を作成し、一括弁済を求められる残債務をもれなく書き出していきます。

負債の計算の注意点

買掛金：仕入先別に買掛金残高を記載。事前に残高確認書をやりとてして確認するのが望ましい

短期借入金：借入先別に借入金残高を記載。金融機関に確認

未払金：取引先別に未払金残高を記載。事前の残高確認が必要

未払保険金／年金：社会保険料の未払額を社会保険事務所に確認

未払税金など：法人税、事業税、固定資産税などの未払額を記載

長期借入金：借入先別に借入金残高を記載。金融機関に確認

リース債務：リース物件別にリース契約の中途解約金を記載。事前にリース会社に依頼して中途解約計算書を取ること

退職給付債務：全員の解雇が前提のため、退職金は会社都合での計算となる。また、解雇予告手当として1カ月分の給与の支払い義務

簿外債務があれば、見落とさずに書き出して把握することが必要です。

代表者個人が会社の連帯保証人になり、不動産や有価証券を担保に入れたり、会社と個人の間で資金を貸し借りしている場合が少なくありません。

そのような場合は、代表者個人の資産を会社資産に加算して処分価格を把握し、ならびに、**代表者個人の負債や保証債務を会社負債に加算**して負債総額を把握することが必要です。

57

会社の"終活"読本

[2-15] 廃業の各種費用の積算は
周到にやりましょう

　気のりがしなくとも精算の時には、しっかりと事実を見つめましょう。正確な計算が次の展開を楽にさせてくれます。

①個人事業主の自主廃業

　個人事業主が廃業する場合は、「個人事業の廃業届出書」を税務署に提出します。

　賃貸マンションやアパートなどを持っていて不動産収入があれば青色申告を続ける必要がありますが、なければ青色申告が不要になりますので、「所得税の青色申告の取りやめ届出書」を税務署に提出します。さらに、消費税に関して、免税事業者でなければ、税務署に「事業廃止届出書」の提出が必要です。

　いずれにしても、所轄の税務署に行って、必要な書類を受け取り、書き方が分からないところは職員に教えてもらって、自分で書いて提出するだけですので、費用はまったくかかりません。

②会社を解散して清算

　かかる費用の目安は一般的に次のようになります。

解散登記費用：登録免許税・官報公告費用・司法書士報酬12万～
　　　　　　　　15万円
解散確定申告：税理士報酬10万円～
清算確定申告：税理士報酬10万円～
清算結了登記：登録免許税・司法書士報酬5万円前後

　登録免許税は、解散の登記が3万円、清算人の登記が9千円、清算の

第 2 章　会社の片づけ方について考えてみよう

結了の登記が2千円となっています。専門家の報酬は幅がありますので、実費の見積りを取るのが良いでしょう。

③破産する場合（会社・個人）

　支払不能または債務超過の場合には、弁護士に依頼して裁判所に自己破産の申立てを行います。その際に必要となる費用は、Ⓐ**裁判所に納める費用**とⒷ**弁護士報酬**の合計となります。すべて異なりますので、事前に費用を確認しましょう。

Ⓐ裁判所に納める費用について

　自己破産事件が同時廃止（配当できる財産がなくて、破産手続開始と同時に終了する場合）となった場合は、引継ぎ予納金は不要です。

　債権者や本人が申立てる場合（司法書士関与も含む、後述）は必要な金額、特に引継ぎ予納金が変わりますので注意が必要です。

東京地方裁判所の手続費用（例）　平成28年5月1日現在

申立手数料（印紙代）　：〔法人〕1,000円、〔個人〕1,500円
郵便切手代　　　　　　：4,100円分（大型合議事件は6,000円）
予納金（＋官報掲載費）：〔法人〕最低20万円＋13,197円
　　　　　　　　　　　　　〔個人〕最低20万円＋16,550円

　法人と代表者個人が同時に破産を申立てる場合は、予納金のうち最低20万円はどちらか一方で足ります。

　また、弁護士が債務者（本人）を代理して申立てるのではなく、債権者や本人が申立てる場合の予納金は東京地方裁判所では次のように変わりますのでご注意ください。

59

会社の"終活"読本

債権者破産申立事件および本人申立事件の場合の予納金

〔負債総額〕	〔法人〕	〔個人〕
少額管財※	20万円	20万円
5000万円未満	70万円	50万円
5000万〜1億円未満	100万円	80万円
1億〜5億円未満	200万円	150万円
5億〜10億円未満	300万円	250万円

※少額管財とは、財産が500万円程度以下の場合です。

Ⓑ弁護士報酬について

弁護士報酬は依頼する弁護士によって幅がありますので、依頼する前に確認してください。一般的に、少額管財では30万円〜、通常の破産事件では50万円〜です。負債総額が大きく、長期間となれば請求される報酬額も大きくなります。

④店舗や工場の原状回復費用など

早目に廃業を決意しても、実行できない理由として事業を清算する際に発生する「借り店舗や工場の原状回復費用」や、「設備の廃棄費用」の負担の大きさがあります。

例えば、中華料理店などは油汚れが建物全体に染み込んでいるため、原状回復のための改修費用が多額になり、保証金の範囲内に収まらない場合が多く、店舗を複数展開している場合の撤退は難航します。

また、印刷業やメッキ業、化学薬品を使う製造業、産廃業などは工場の構造・仕様が特殊で**原状回復工事の費用が多額**になりがちです。

さらに、人体に有害な薬剤が染み込んだ汚染土壌の土壌改良経費も必要になる場合は、廃業の費用が過大になります。

金属加工業など重量の大きな機械装置を多数保有する場合も、クレーンなどの重機を用いた撤去と廃棄の費用が高額になりますので、適切な

第2章　会社の片づけ方について考えてみよう

引き取り手や廃棄業者の探索と費用の見積りなど、周到な準備が必要になります。

　価値のある"旬"のうちに、企業も設備も手放すことを始めましょう。売り時を失うと、キャッシュがどんどん出ていきます。「一日早ければ、一日楽になる」今の決断こそがすべてを救うのです。

会社の"終活"読本

コラム　三つ目の K〈会社〉
会社は誰のものか？「私物」ではありません

　会社は誰のものか…。昔から議論の尽きないテーマです。読者の
みなさんが、お子さんや部下に聞かれたら、どのように答えます
か。

　この大命題を、ある職場での新入社員と先輩社員たちの会話か
ら、考えてみてください。

　ここは、東京都心にある東商二部上場の食品メーカーの社員食
堂。好奇心旺盛で質問魔の新入社員、片桐君がいつものように昼食
を食べながら、先輩社員たちに会社の疑問を問いかけ始めました。

片桐君「主任、今朝の朝礼で、社長がいつものように、株主のため
にとか、企業価値の向上とか仰っていますが、**会社は株主のため**だ
けにあるものなのでしょうか？」

斉藤主任「そりゃあ、ウチも今じゃ上場企業だからね。資本主義経
済の元では、会社は資本の出し手である**株主のもの**、という前提で
成り立っているから、社長が株価と業績を気にするのは当然さ」

片桐君「でも、上場会社かどうかは別として、会社に利益をくださ
るのはお客様だから、会社は**お客様のもの**ではないでしょうか？」

渡辺係長「確かに、優良企業は顧客第一主義を徹底しているところ
が多いから、お客様あっての会社という考え方は説得力があるね」

片桐君「でも、僕の友人が入社した中小企業の食品メーカーの社長
は、会社は従業員のものと主張し増収増益を続けているようです」

鈴木副課長「企業のノウハウなどの知的資産は、生産活動を支える
従業員と協力会社の方々の中に埋め込まれているから、**従業員のも**

のという考え方も大切だね」

片桐君「課長、結局、誰のものなのでしょうか？」

柏木課長「当社の活動を見ても、元手（資本）と銀行借入金で設備投資をし、仕入先から材料を仕入れ、買掛金ができ、工場で加工し、製品と仕掛品が生まれ、お客様に販売し、現金や売掛金になり、従業員や協力会社の人たちと協働し、利益から国と自治体に税金を払い、株主に配当し、金融機関に借入金を返済。というように、株主、従業員、取引先、地域社会のどれ一つ欠けても企業活動は成り立たない。会社が大きくなればなるほど利害関係者が増え、社会への影響度も大きくなる。上場すればなおのこと、**オーナーの私物ではなく、社会の公器**と考えるべきだね」

　いかがでしょうか。会社を取り巻く株主・経営者・顧客・従業員・取引先・地域社会を「結びつけている器＝会社」が続いていくためには、その会社が利益を生み出し続けられるよう、日々の生産活動に全員が協力することが必要です。会社が利益も生まず、社会に貢献もできなくなったら、存在の意味がありません。

　そして、中小企業 ＞ 小規模 ＞ 個人経営と単位が小さくなるにしたがって、**会社と経営者個人が一体**になっていきます。コインの裏表のように分離できない、互いにくっ付き合って、切っても切れない唯一無二の存在になってしまいます。

　その二つを、一旦、**切り離す作業が「事業承継」**なのです。

　厳しい言い方ですが、人間の死亡率は100％です。ところが、どんなに小さな商売でも、経営者の人生以上に永く続けることも可能です。未来に生き続ける企業として、社会の仕組みとして、「技術・人脈・伝統と信用」などの要素に分解して、売却したり引き継

いでいくこともできます。

つまり経営者は、いつまでも会社にしがみ付いては、いけないのです。

それよりも新しい人の手へ渡せる"部品"にして、残していきましょう。会社を片づけることは経営をパーツに戻し、素材に還元して、"企業をリサイクル"していくことなのです。

こうして考え直してみると、「会社はこれから未来に生きる人のもの」「社会の共有財産」「人類の共有智」なのではないでしょうか。

第3章
会社を清算しましょう

会社の"終活"読本

[3-1] 引退日までの スケジュールを立てよう

　引退日をいつにするか、というのは極めて大事なことです。だいたいが、迷いに迷って、ぎりぎりまで突っ走ってしまい、いざ会社を清算するという段階になってあたふたするものです。

　そうすると、本人は、「従業員や取引先のため、俺の会社がなくなったらみんなが困ってしまう。だから頑張るところまで頑張ろう」と考えてしまうわけですが、従業員や取引先にとっては、たまったものではありません。早めに、「○○月頃を目途に清算を考えている。きちんとそれまでは給与も支払うし、そこは心配しないでくれ。取引先にも迷惑をかけないように、きちんと対応する」と宣言してもらえば、従業員だって早めに次の就職先を見つける活動ができ、取引先も部品供給が途絶えないように、新しい取引先を探索する時間が生まれるというものです。厳しい言い方になりますが、そもそも、「従業員は自社で働いていることが幸せだ」とか、「自社の製品は他社では真似できない」、と現経営者が考えていること自体が間違いであることを認識すべきです。

　そして、**「廃業は次の人生へのステップ」**にもなるのです。始めた事業が、「環境に合わなくなった」「市場が変化した」「競争に負けた」という理由によって閉じることにより、すべてをリセットしたからこそ、過去のしがらみに囚われずに、新たにビジネスを起こすことが可能になるのです。

　スケジュールの立て方ですが、まずは清算する日（Xデー）を決めてしまいましょう。ここは、非常に難しいところですが、負債よりも資産の方が明らかに多い場合は、余裕を持ってスケジュールを組むことができます。一方、資産よりも負債の方が明らかに多い場合は、急を要します。なぜなら、いろいろな手続きをしていると、時間はあっという間に過ぎてしまいますし、それこそ従業員や取引先に迷惑をかけてしまうこ

66

第3章　会社を清算しましょう

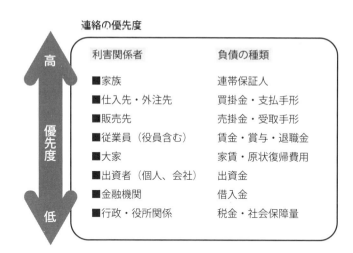

とになるからです。

　スケジュールを立てる際に検討する観点としては、利害関係者へ最低限のモラルを保てるかどうかでしょう。そして、どうしても迷惑をかけてしまうとしても、それを最小限に防ぐという決意とテクニックが必要です。対象相手ごとに見ていきましょう。

3-2 一番初めに話す相手は家族です

　まず初めに話すべき相手が家族です。特に、奥さんや旦那さんは良き相談相手であり、人生のパートナーでもあり、時には会社を一緒に切り盛りしている同志なわけですから、真っ先に「会社をたたむことを考えているんだが…」と意思表示すべきです。そして、子どもや親御さんなどの生活面の糧がなくなるという側面もあれば、視点を変えて見ると今まで**重荷になっていたものから開放される**という面もあるかもしれません。家族からねぎらいの言葉があれば、それは清算へ向けた行動の大きな後押しになってくれることでしょう。

会社の"終活"読本

　なお、清算業務の中で債務が残りそうな場合でも、当面の生活費だけは、くれぐれも別のお財布に用意しておいてください。

　そして、スマートフォンとパソコンは、将来、再起する際に必要になるので確保しておくと良いでしょう。

[3-3] 仕入先・外注先には誠意を持って

　なるべく仕入れ量や仕入先の数を減らしていき、必要最小限に絞り込んでいきましょう。販売先への納品を第一優先にしながら、迷惑をかけてしまいそうな仕入先・外注先を絞り込んでいくことが重要です。

　そして、支払い計画を立てます。この目途が立ちましたら、「会社をたたむ予定がある」ということを**直接会って伝える**のが良いと考えます。ただし、取引者数があまりにも多い、それほど重要な取引先ではない、遠方のため会いに行く時間がないなどの場合は、電話あるいは手紙でも構わないと思います。最低限のモラルとして、メールはやめましょう。

　そして、相手先との信頼関係や付き合いの歴史、資金的な余裕があるかどうかを見極めながら、①これまでの感謝の気持ち②清算をいつ予定しているか③代金はきちんと支払うが少し遅れる可能性もある、などの点をしっかりと伝えてください。必ず問い合わせの電話やメールがあったら、逃げずに真摯に対応することが重要です。

　ここで少しでも「電話に出るのが嫌だな」「ちょっと疲れてるから後で掛け直そう」などと相手を避けてしまいますと、それが取引先の疑心暗鬼につながり、あっという間に心証を悪くし、不信感にもつながります。ひょっとしたら、今後、清算をして身辺整理をした後にビジネスをReスタートする時に真っ先に協力者になってくれる可能性もあるかもしれません。ここはきちんとした対応が望まれるところです。

一方で、連絡を真っ先にするか、後回しにするかは、慎重を期すところでもあります。相手との付き合いの歴史がいくら古くても、相手が資金繰りに窮している先なら、共倒れを恐れ、部品供給をストップしてくるかもしれません。また、約束よりも早目の回収をしつこく言ってくる可能性もあります。したがって、あくまでケースバイケースで対応しましょう。文句を言ってくる仕入先・外注先には率先して相手をして、黙っていて成り行きに任せるタイプの仕入先・外注先に対しては誠意を持ちながら、後回しにするくらいの大胆さと誠実さの両面の態度で臨んだ方がうまくいくでしょう。

3-4 販売先・受注先の言葉には耳を貸さないように

　すでに受注をもらっている場合は供給責任が発生しますので、そこまでは雇用を確保し、部品供給先などを確保しましょう。売掛金を早めに回収したいと申し出てみましょう。もし手形で受け取っている場合は、現金での支払いをお願いするよう協力を仰ぎましょう。

　販売先・受注先に対しては、供給責任が守れるという目途がついたところまではキッチリと販売し、受注を引き受けても良いですが、それ以降については、自分の会社の競合先（同業者）あるいは自社の外注先（協力工場）への直取引を提案するなどして、これまでの取引先が困らないような配慮が必要です。

　ここで、間違っても「おたくの会社がなくなったら困るよ。うちも共倒れになっちゃうよ」などという言葉に耳を貸さないことです。その時によく勘違いしてしまうのは、「うちの会社じゃないと、これは作れない」「こんなサービスをやっている会社は他にないから、販売先が困るんじゃないか」ということです。それは、**自社を過大評価**しているだけであって、同じような製品やサービスを提供している会社は世の中にたくさんあります。取引先は「困った、困った」と言いながら、代替する事業者を探してきて、必ず何とかするものです。

　ここは、そうした言葉に耳を貸さずに、冷静に売掛金の回収を確実にしていくということが重要です。

気持ちが揺らぐけれど、会社の片づけを決断したら、強い信念を持って行動しないといけませんね

3-5 従業員は弱い立場にありますのでフォローが大切です

　会社がうまくいっている時は、きちんと給与を支払うこともできますし、それなりに高給である会社なら従業員のモチベーションも高く、文字通り家族ぐるみの付き合いもしているかもしれません。しかし、会社をたたむという場面に遭遇しますと、そうも言っていられません。従業員一人ひとりには生活があります。モチベーションが高いのは、あくまで給与をもらっているからであって、この先の生活を考えると、さまざまな不安が頭をよぎるはずです。

　こうしたことをしっかりと認識した上で、社長の口から直接、従業員に「うちは廃業を考えている」という言葉をしっかりと伝えることが重要です。そして、そのＸデーはいつぐらいになるのか、そこまではどのような人員体制で経営を行うのか、給与はきちんと支払われるのか、ということの詳細まで説明すべきです。

　もし、給与が払えないようでしたら、人員体制を組み直し、早めに解雇手続きを進めるべきでしょう。なお、通知は解雇の１カ月前までに行えば問題ありませんが、どうしても諸事情から１カ月前に通知できなかった場合は、１カ月分の解雇予告手当てを支払うことで、法的にはクリアできます。解雇には正当な理由が必要とされていますが、**清算は正当な理由**として認められます。

　未払い給与がある場合は少し厄介になります。従業員は他の債権者と違い、あくまで個人になりますので、非常に弱い立場であり、給与がもらえないと生活苦に直結します。従って、清算することを決心したら、営業 ⇒ 生産管理・営業補助 ⇒ 製造（現場）⇒ 総務 ⇒ 人事 ⇒ 経理などといった順番ですぐに人員体制を組み、なるべく人件費をカットしながら、かつ給与はきちんと支払っていく、ということを理解してもらうことが重要です。もちろん、どうしても給与の支払い原資に困る場合は、社長はじめ役員の報酬や退職金を削って、従業員の給与に回さなければなりません。これらは従業員給与とは違って、一般債権として法律上取り扱われます。

　なお、従業員は個人なので「弱い立場」と書きましたが、裏を返すとビジネスライクに物事を捉えられず、ちょっとでも給与が未払いになったり、一部カットの要請があった場合には、訴訟などのトラブルに発展する可能性が一番高いのも従業員です。そのため、従業員への対応は同じ職場の仲間でもあり、苦楽を共にしてきた同志でもありますが、会社の精算に向けては、シビアにかつ慎重に対応していかなければいけない相手でもあるわけです。

　精算に伴う従業員の解雇の時に、後々トラブルにならないようにするコツは、もちろん社長自身の誠心誠意ある態度に間違いありませんが、同時に**転職や独立を促すような具体的な支援**が重要です。

　例えば、同業他社や取引先への転職の斡旋や、あるいは清算までの間

第3章 会社を清算しましょう

に有給休暇を有効活用してもらって転職活動に積極的に使わせる、など配慮してください。それから、従業員にはすぐにハローワークへ行ってもらい、失業保険の受給の手続きについても丁寧に教えると良いでしょう。

こうした従業員への配慮の姿勢があれば、そうそうトラブルになることは多くないものです。

3-6 事務所・工場は原状回復が必要になります

事務所・工場を借りている場合に、まず確認しなければいけないのは、賃貸借契約書の中身です。契約解除の事前通知はいつまでにしなければならないのか、口頭か書面か、もし事前通知の期限を過ぎてしまっている場合に、違約金が発生するのか、といった点です。よくあるのが、「3カ月前までに相手方に書面で通知しなければならない。これに違反した場合は、退去日如何によらず3カ月分の家賃をもらい受ける」などのような文言がある場合です。ただし、契約書上は違約金が発生すると書いていても、**交渉により減免してもらえる可能性**もありますので、ここはあきらめる必要はないと考えます。

あとは、敷金・保証金がどれだけ返却されるのか、またこれらのお金は未払い分の家賃と相殺できるのか、といったところも確認しておくべきです。

こうしたことを考えると、大家さんに対しては賃貸借契約書の違約金が発生しないタイミングで、賃貸契約を終了する旨を伝える必要があるということになります。従って、会社をたたむと決心した段階で、まずは事業規模を縮小させ、従業員を減らし、早い段階から事務所を引き払い、レンタルオフィスへ移転、あるいは社長が1人でできるなら、自宅兼事務所としてしばらく運営ということも検討してみてはいかがでしょ

73

会社の"終活"読本

うか。

　工場に重機やクレーンなどの建物付属設備に当たるものを自前で設置していた場合は複雑です。ほとんどのケースでは、いわゆる原状回復義務のもとに、作業費・処分代を負担しなければなりません。こうしたコストは、最後の清算という中で見落としがちなコストになりますので、しっかりと**「隠れ負債」**という認識を持って、計算の中に含んでおきましょう。

　もちろん、大家さんが原状回復を求めずに、そのままの退去を認めたり、次に入居する事業者が決まっていてそのまま使いたいという要望があった場合は、コストがかからないというケースもあります。しかし、そうしたことは運の良いケースであり、基本的には原状回復するためのコストを見積もりましょう。

第3章　会社を清算しましょう

3-7 出資者にとっては理不尽な結果になるかもしれません

　出資者の内訳として最もシェアを占めているのは、他ならぬ社長ということになります。これは自分自身が被るだけなので、問題ありません。問題なのは、設立初期に出資してくれた友人・知人、取引先のオーナー、親戚関係、役員・従業員などでしょう。

　金額的には、中小企業の資本金の平均が1千万～3千万円と言われている中で、それぞれ個人として出資しているわけですから、個別に見ていくと数万～数百万円と、返済できない金額ではありません。

　しかしながら、出資金というのは、法律上は取引先への商品の代金、借金、従業員の給与、税金を支払い、最後に残ったお金を分配するということでしか返済することができないと定められています。そうすると、最後に出資した金額に見合わないどころか、一銭も残らなかったということはざらにあります。

　法律上で考えますと、出資者という立場は、出資範囲内でリスクを負う（限定責任）立場にある一方で、会社の業績が向上して、自己資本が蓄積することによって、配当や株式値上がり益を享受できる立場にもあるわけですが、ほとんどの中小企業は配当もせず、株式値上がり益といっても、M&Aや株式上場できることはまずありません。そのため、出資者はお金を出しっぱなしで、メリットがほとんどないと言えます。

　最後の、せめてもの期待は、出資したお金が返ってくるということになるわけですが、「財産が残らなかったので最後は一銭も返せません」では、到底納得できるものではありません。しかも、設立当初に出資してもらっている人達は、ある意味で一番恩義があり、功労者でもあるわけです。また、社長との人間関係が濃い場合が多く、会社をたたんだ後も親戚付き合いや交友関係として残るため、何としてでも、**せめて出資した分は返済**したいところです。

75

会社の"終活"読本

　法的な清算業務を実行していく最終段階くらいで、出資者達にはこの事実を伝えることになるわけですが、法的には、会社解散を決議する時には、株主総会を開く必要があります。その時に、会社の清算の中で返済する場合にもし出資分が返せなかったとしても、「個人のポケットマネーから出資分を返します」と出資者に伝えることで、協力者になってもらうことが可能です。

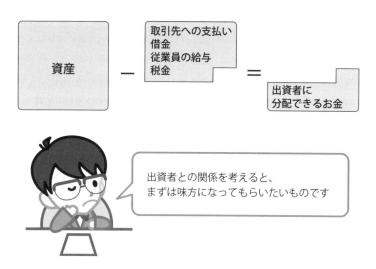

[3-8　最後に金融機関、行政・役所関係と話しましょう]

　金融機関への報告は、優先順位では最後の方になります。意外だと捉える方もいらっしゃるかもしれません。しかし、会社をたたむと決めてから、かかる**コストを金融機関に頼るのは、詐害行為**そのものです。これから持っている権利や資産をなるべく現金化していこうという最中に、金融機関に協力してもらえることはないと言ってもいいでしょう。むしろ、余計な情報を与えたばかりに、保身に走られてしまうということだけは避けなければなりませんので、**金融機関は一番後回し**になります。

金融機関に対して元利共に返済が可能であれば、問題はほとんどないと言ってもいいでしょう。しかし、少しでも返済できない場合は、保証協会付けであれば保証協会が代位弁済をしますし、プロパー融資であれば債権回収会社へ二束三文で売却されます。

　その後は、金融機関ではなく、それぞれと個別に交渉することになりますが、それほど恐れる必要はありません。多くの場合は、連帯保証人として社長個人が入っているはずですが、生活を脅かすほどの返済はできない仕組みになっています。**毎月一定金額を返済する**ことで最終的には妥結するというのがよくあるパターンです。

　なお、他の仕入先・外注先と違って、債権を一部カットしてくれたり、全額免除してくれるということは、通常あり得ません。なぜなら、上記のように金融機関は何らかの保全策を取っていることがほとんどで、あまり痛手を負わないようになっているため、そうした交渉にいちいち応じる必要はないからです。

　担保に入っている不動産を社長個人として所有している場合は、他の債権者に先立って自己の債権の弁済を受ける権利を持っていますので、基本的に金融機関は、任意売却を促す方向へ動きます。そして、実務上では、**社長個人がその不動産を買い取る**ということで落ち着くことが多いので、どうしてもその不動産が欲しい場合（例えば自宅に住み続けたいなど）、金融機関と交渉を行っておくと良いでしょう。

金融機関に知らせる必要がないこともあります。交渉に応じることはないので、タイミングは最後でいいんですね

会社の"終活"読本

一番最後になるのが、行政・役所関係、つまり税金や社会保険料の支払いということになります。これらがきちんと支払えるならば問題は何もありませんので、清算業務の中で、淡々と届け出を出していくことになるだけです。しかしながら、よくあるのが、従業員の預り社会保険料を資金繰りに回してしまったなどの事態です。会社そのものが清算手続きの過程で消滅してしまいますと、納付する義務の主体がなくなりますので、事実上支払いはできない状況になります。

3-9 上手な清算のコツ

清算業務として、営業をストップし、製造や仕入れが終了し、取引先へ製品を納品するなど、業務自体は動きがなくなりますが、最終段階に入ってきますと、有価証券、保険、過去に仕入れた商品（在庫）、預け金・保証金、工具器具備品類、設備関連一式、不動産、貸付金、知的資産などをすべて換金していくことになります。その時の第一優先の方針は、"なるべく早く、できれば現金が一番増える"というところを目指

換金できるもの	かかる時間	換金率
■売掛金	数日〜数カ月	80〜100％程度
■有価証券	数日〜数カ月	時価により変動
■保険	1週間〜2週間	20〜95％
■在庫	数週間〜数カ月	0〜50％
■預け金・保証金	数週間〜数カ月	0〜100％
■工具器具備品類、設備関連一式	数カ月〜1年以上？	0〜20％
■不動産	数カ月〜1年以上？	時価により変動
■貸付金	数カ月〜1年以上？	0〜100％
■知的資産	数カ月〜1年以上？	買い手側の需要次第

短　時間　長

78

すわけです。

それでは、以下換金性の高いものから順番に、どうしたら最も現金が増えるように回収していけば良いのかを検証してみましょう。

3-10 売掛金は早く回収しましょう

ここでは、清算計画を前もって立ててきたので、受取手形はもらっていないという前提となりますが、売掛金はどうしても残ってしまうケースがあると思います。この場合、通常通りに取引先は支払うスケジュールを立てているとは思いますが、その売掛期間が4～6カ月と長く、清算スケジュールに対して間に合わない場合は、社長が自ら出向き、清算業務にあたってどうしても**換金化を急ぐので、支払いを早くしてもらう**ように要請してみましょう。

取引先は遅かれ早かれ支払わなければならないわけですから、協力してくれるところがほとんどです。中には拒まれる場合もあるでしょうが、例えば、製造業なら納品予定のない在庫製品の提供、現場で使っているオリジナルの治具をあげる、ソフトウェアであればメンテナンスと

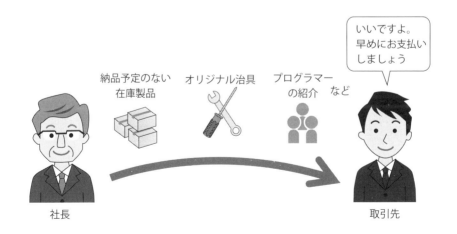

してのプログラマーの紹介など、**今後必要となってくるヒト・モノ・サービスを提供**することで、入金を促す方法があります。

　それでもダメな場合は、売掛金の減額を容認するかわりに、入金を早めてもらうという方法もあります。これは、あまり使いたくない方法ですが、背に腹はかえられないので、「もし入金を2週間以内にしてくれるなら、売掛金を△1割引きで応じる」という交換条件を出すのです。これによって、換金化がかなり促進されるはずです。

　まれに、「清算するなら支払いは後回しにしよう」という行儀の良くない取引先もありますので、もし、のらりくらりされたら、内容証明で請求書を送り、それでもダメなら弁護士に依頼して訴訟を行いましょう。ちょっとずるい言い方ですが、永続的に取引の流れがない場合などは、売掛金を回収した直後に会社をたたむことを告げるというのが回収リスクが最も少なくなります。

3-11 有価証券は期待せずに換金しましょう

　有価証券の中でも、子会社や関連会社、あるいは取引先の株式だったりすると換金は極めて難しいと言わざるを得ません。特に子会社や関連会社の場合は、自社と一体になっているため、清算の中で同時に子会社や関連会社も清算するというケースが多いためです。

　また、取引先などについては、換金したいと言っても、会社法上は対応する義務が生じませんので、相当足元を見られて、買い取ってもらうことになるでしょう。しかし、少しでもここは回収しなければいけませんので、「お金になるだけましだ」と割り切って実行しましょう。

　有価証券の中でも上場企業など、いわゆる売却市場があって、日々売買が行われているものは、逆に極めて換金性が高いと言えます。もちろん、日々金額が動いていますので、高い株価を狙って売却することもで

きますが、ここはあまり欲張らずに、すぐに換金してしまうことをお勧めします。

3-12 保険は換金性が高いです

　保険については、生命保険と損害保険の大きく二つに分かれますが、いずれも換金性の高いものになりますので、解約して解約返戻金を手にすることができます。ただ、生命保険は、会社が契約者であるものの、被保険者が社長個人になっていることが多いです。その場合、入院特約や手術特約などの恩恵が個人で得られるように設計されていることが多く、そのまま解約してしまって、改めて個人で入り直そうとすると、社長の年齢によっては、保険に入れなかったり、入れたとしても高額の保険料を支払わなければならないなど、社長個人として考えると、不利になることが考えられます。

　そうした時に、知っておくと便利なのは、**個人に契約を引継ぐ**という方法です。つまり契約者を個人に切り替えるということをすれば、そのまま保険内容が引継がれますので、メリットを享受し続けることができます。この場合、当然ながら引継ぎ時の解約返戻金を会社に支払うことによる買取りか、あるいは**退職金の現物支給**や会社へ貸付金の現物返済

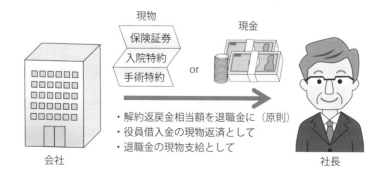

会社の"終活"読本

という名目にして引継いでいくという方法もありますので、保険会社へ相談してみると良いでしょう。

ただし、大原則は、保険を解約して換金するということになります。上記の方法は、債権者への返済が滞りなくできて、かつ余裕がある場合に取れる手段であるということを念頭に置き、その上でもし取れるのであれば取る手段であるという認識を持ちましょう。

[3-13] 在庫は安値であっても売ってしまいましょう

受注生産している会社は別にして、どうしても最後は、製品や商品といった在庫が残ってしまうものです。これらは、一見するとすぐに換金できそうですが、実際は、型番が古くなっていて需要がない、仕掛品・半製品の状態になっているが最終製品にするための部品がないためすぐに使えないなど、何らかの問題があって早急な換金は難しいものです。

このような時、一番最初に思いつくのが、これまでの取引先へ販売することですが、足元を見られてしまいますので、まったく関係ない第三者に販売、消費材を扱っているならネットでの販売なども方法としてあります。「えっ、こんなものが？」というものでも売れたりしますので、あまり固定観念を持たない方が良いかもしれません。

①取引同業者、競合先へ販売

まず、換金する方法として考えて欲しいのは、取引先と同業の仕事をしているいわゆる取引先同業者（以下同業者という）、あるいは自社の競合先へ販売するという方法です。この場合、同業者・競合先ということになりますので、普段はどちらかというと、あまり接点がなく、むしろ情報をお互いに出し合わない相手となりますが、そこに共通の仲間がいれば仲介役をしてもらい、清算予定であることを告げ、買い取っても

82

らうという方法があります。

　この時に、できれば一品一品ではなく、金額は叩かれますが、**まとめて在庫を買い取ってもらうこと**ができれば、ベストです。設備・道具一式、さらには従業員も合わせて引き取ってもらえるならば、これほどありがたいことはありません。「普段接しない取引先だから」「競争相手だから」といって避けるのではなく、清算のプロセスでは、第一候補として考えてみることが必要です。

②ネットオークション、フリマサイトで販売

　次に考えられるのは、インターネットのオークションサイトやネットショップ、フリーマーケットサイトなどで販売するという方法です。もし一般顧客向けの商品販売をしている会社であれば、すぐに在庫一掃処分セールをするのではなく、発想を変えてみるのも、一つのやり方です。

　この販売方法は、売れないだろうと思っていたものが、意外なほど高値で販売できたり、売れそうなものが案外売れなかったりと、予想外のことが起きますが、意外と換金率が高くなる場合が多いと言えます。

　しかしながら、これはある程度の時間的余裕とそれなりのIT知識が必要になりますので、もし会社にそうした能力に長けている人がいない場合は、方法としては難しいかもしれません。

③閉店一掃セール

　そして、インターネットを使って不特定多数の人に売り切ることができなかったら、次に考えるのが、閉店一掃セールです。顧客リストがあれば、その顧客向けにDMを打つなどして大幅な値引きを行い、「○日間限定」「はがきを持参すればさらに○％引き」などのようなプレミアム感を出すことによって、一気に売り切ってしまいましょう。

　この場合、店頭で顧客からさらなる値引き要請があった場合には、あまり駆け引きせずに気持ちよく買ってもらうためにも、さらに現場での

会社の"終活"読本

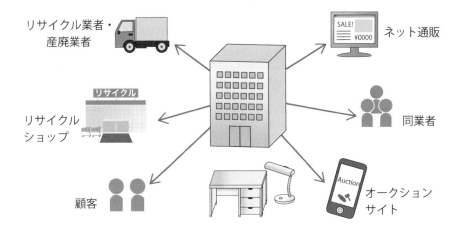

値引きにも応じるようにします。目的が、いかに早く換金をするかという点なことを忘れないようにしましょう。

④リサイクルショップへ持ち込み

これでも売り切れない時は、リサイクルショップへ持ち込むという最終手段があります。この時には、二束三文にしかなりませんので、値段はあきらめ、むしろ換金することが無理な商品などについては、**無料でも引き取ってくれる**なら、引き取ってもらいましょう。破棄するにもコストがかかるわけですから、それを考えるなら、ありがたいことです。

⑤従業員・関係者にあげる

換金を進めていっても、どうしても残ってしまう在庫というものはあるものです。その時に、従業員や関係者の中に、それが欲しいという方がいれば、ぜひ分けてあげてください。迷惑をかけている当事者に、せめてもの気持ちという意味では重要なことだと考えます。

ただし、これは債権者から見ると、換金できる可能性のあるものをただであげてしまっているというように見えてしまうと良くないので、

第3章　会社を清算しましょう

（返済が100％できない場合は特に）きちんとプロセスを明確にしておいた方が後々トラブルにはならないでしょう。

⑥仕入先に返品

　なお、仕入先に対して、返品が可能かどうかを一番先に思いつく方もいるかもしれませんが、まず過去の経験からいっても極めて難しいでしょう。ただし、ダメもとで問い合わせてみる価値はありますので、仕入れてから比較的時間が経っていない場合や、市場価値が上がっているものなどがあれば検討してみても良いかもしれません。もちろん、そのままの値段で返品してもらえるということは稀だと思いますので、大幅な減額は覚悟しなければなりません。

　以上の手を尽くしてもダメなら、産廃業者へ有償で引き取ってもらうことを覚悟しましょう。

3-14 預け金・保証金は早めに確認しましょう

　商売を始める時に、例えばどこか大手の特約店や代理店の地位を確保する、あるいは協同組合や組織に加入しないと発注がもらえない、というしきたりがある場合に、預け金や保証金のような名目でお金を出しておいてから、商売が始まるケースがあります。こうしたお金は、商売を辞める時に返ってくるのが通例ですが、稀にその協同組合が歯抜けのような状態になってしまい、そこから協同でコストを負担していたりすると、減額されて戻ってきたり、あるいは戻ってこないということも想定されます。

　商売が始まった時に預け金や保証金のルールを確認していても、その後は意識して経営する人はほとんどいません。清算を決めたら早い段階で規約や契約書を確認しておくことをお勧めします。

85

会社の"終活"読本

[3-15] 工具器具備品類などの引き取り手探しは簡単ではありません

　工具器具備品類、設備関連一式は、一部改良を加えたり、機能を付加させたりして、自社に使い勝手の良いものにカスタマイズしてしまっているため、他の事業者がいざ使おうと思っても使えないようになっていることはよくあることです。

　このような理由があって、簡単に引き取ってくれるということはなかなか難しいと言えるでしょう。もちろん、欲しいという競合先が現れる可能性もあるので否定はしませんが、その場合でも金額は叩かれることを覚悟しましょう。

　ただし、自社が下請け企業であり、取引先が分散発注を行っているケースだと、発注先に声掛けすることで、自社と同じような設備を使って生産している業者を紹介してもらったり、場合によっては仲介役を申し出てくれる場合もありますので、打診してみる価値は大いにあります。そうすれば、発注先からの要請ということもあり、同じ競合先であっても立場は同じですから、多少無理をして対応してくれたり、場合によっては**生産ラインごと引き取ってもらえる**ことも大いに期待できます。

　それでもダメな場合は、自社の設備関連一式を十分に使いこなせて、かつ欲しがるのは、実は解雇する従業員だったりします。自社の取引先からのオーダーが、○○○会社ではなく、△△△さん、という個人を指名してくるような仕事の場合は、会社を精算した後に取引先は困ってしまいますので、その場合は、**従業員への退職金を現物支給**または安く買い取ってもらうことにして、設備関連一式（運送会社ならトラック、美容室なら備品一式など）を引き取ってもらい、引き続き使ってもらうという方法も考えられます。これならば、従業員への転職の斡旋も兼ねた対策が取れますので、一石二鳥になります。

86

第3章　会社を清算しましょう

以下の手を尽くしてもダメなら、前出の在庫と同じように、リサイクル業者にバルクで買い取ってもらうか、産廃業者へ有償で引き取ってもらうことを覚悟しましょう。

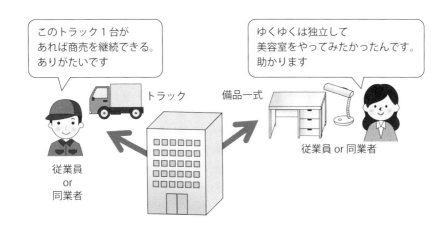

3-16 | 不動産は適正価格での売買が必須です

　自社所有の不動産（建物）がある場合は、他の換金の仕方やスピード感が変わってきます。なぜなら、不動産は買い手が現れるタイミングなどにより売却価格が大きく変動し、かつ金額も何百万〜何千万円単位で変わってきますので、この不動産の売却如何によって、清算できずに破産の道をたどるしかなくなるなど、明暗を分ける場合もあるくらい、ポイントになる場合が多いのです。

①社長個人が会社から買い取る「任意売却」
　では、不動産を誰に売却するかという問題ですが、2階部分を社長の自宅として使っており、どうしてもそこに住み続けたい、あるいは土地だけ社長の持ち物で上物だけ会社所有になっている場合などは、真っ先

に考えるのは**社長個人が会社から買い取る**という方法、いわゆる「任意売却」という手法です。

　この場合、適正価格（時価）を決めなければ、債権者から「不当に安く買い取ったのではないか」という疑義がかけられますので、**不動産鑑定士**を入れるなどして、鑑定してもらい、適正価格を付けて買い取るという段取りが必要になってきます。これをしないと、後で訴訟問題になることもありますし、また税務上も時価と売却価格の差額に対して贈与税が発生するなど、問題になる場合がありますので、十分に注意してください。そうはいっても、債権者から見れば、換金スピードが最も高い方法であることから、比較的多く取られる方法です。

　もし、社長に買い取る意思はあっても、お金が用意できず、また金融機関も清算ということもあって貸すことに協力してくれない場合は、友人や親戚にいったん買い取ってもらい、その後に買い戻すという手法もあります。これも、上記の注意点と同じく、お手盛りにならないように、きちんとやらないと後々問題が生じてしまいますので、注意が必要です。

②近隣の事業者への売却

　次に考えられるのは、隣近所で事業を営んでいる方々です。特に工場地帯などは隣近所だけではなく、区画単位で考えることもできます。こうした近隣の事業者は、事業拡張を計画していても、なかなか自社から離れた場所だと運営管理の問題もあって躊躇するのですが、それが隣近所の不動産であれば喉から手が出るほど欲しい、という方々もいる可能性があります。この場合、お互いに隣近所なので、顔もよく知っていますし、多少の融通が利いたりします。

　また、何より不動産業者を仲介させないため、仲介手数料という余計なコストがかからないということもあり、その分のメリットをお互いに享受できるということもあります。

第3章 会社を清算しましょう

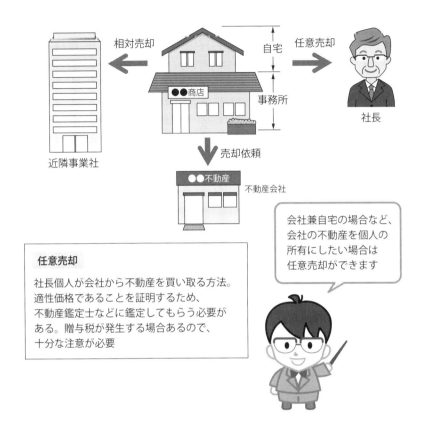

例えば、買い手側がメッキ工場や産廃業者であった場合は、土壌改良コストなどもかけずに不動産を売ることも可能かもしれませんし、耐荷重用に床板を厚くしたり、重量運搬物のためにクレーンを設置していたとしても、そのまま使いたいという要望があれば**原状復帰コスト**も不要かもしれませんので、まっ先に隣近所に声掛けをするべきでしょう。

③**不動産会社に依頼**

そして、身近に売却先を見つけられなかった場合には、やはり不動産会社へ探してもらうというのが現実的な選択になります。ただし、不動産の売却は買い手が現れるタイミングと、そのニーズの度合により、価

会社の"終活"読本

格が大きく変動します。よって、当初から**不動産売却には時間がかかる**ものだという認識で、早目に動いていくのが得策です。もし、買い手が見つからなかった場合でも、不動産会社が建設部門などを持っている場合には、買い取ってもらえる可能性もあります。ただし、立地条件が厳しい上、価格なども仲介して売却するよりも数十％は下がることは覚悟しておいた方がいいでしょう。

　なお、この**不動産売却が済まない限りは清算手続きが完了しません**ので、注意が必要です。

[3-17] 貸付金は日ごろから管理しましょう

　貸付けている相手が法人か個人かによってだいぶ対応が変わってきます。法人であれば、早目に打診することによって、回収の可能性が高く、しかも満額回収ができると思いますが、相手が個人だとそうは簡単にいきません。その個人のステータスが友人・知人なのか、従業員なのか、取引先の関係者なのかによって随分と変わってきます。よって、清算を決めたら、いち早く返済を打診して、回収にかかるというスタンスが大事です。

　この貸付金は、単に相手方が返してくれない、という理由だけで債権放棄をすることは法的にはなかなか難しいです。法人の場合だと、「破産手続きをした」「事実上の倒産になっている」「何年にもわたって何十回も貸付金の返済を督促したが応じてくれなかった」などの証拠（電話・メール・手紙など）があって初めて債権放棄が認められます。

　清算業務の中では回収が単にできませんでした、ということでは、債権者への理由として弱い場合もありますので、取り扱いに注意が必要です。貸付金は普段から厳密に管理しておき、いざという時でも困らないように対処の方法を考えておくべきです。

90

第 3 章　会社を清算しましょう

3-18　知的資産は専門家に鑑定してもらおう

　資産は、目に見えるものだけではありません。ブランド、歴史、技術力という目に見えない知的資産を直接換金することはできません。しかし、メルマガ会員を数千単位で持っている場合の会員リスト、通信販売などの顧客リスト、閲覧数が一日数百から数千を超えるホームページ、一般的に浸透している商品名でかつ商標権を取っているものなどは、**意外な高値で売れるケース**があります。

　こうした、いわゆる知的資産の換金は、社長自身が認識していないことが多いので、専門家に第三者の視点で検証してもらって、アイデアをもらってもいいかもしれません。

社長

実は、こういったものが…
・メルマガの会員リスト
・通信販売などの顧客リスト
・ホームページ
・商標権のある商品名　など

専門家

このホームページは閲覧数が多いので、価値が高いです

HP　　リスト　　商品

3-19　節税の意味を考えましょう

　これまで説明したような換金を行っていき、最終的に残余財産が発生した場合、株主に配当として分配されることになります。その時に**資本金を超えるほど残余財産**が出てしまいますと、みなし配当として、会社は約20％の源泉徴収をして支払うこととなります。

　そして、もし、資本金額を超えてかなりの残余財産が出てしまった場

合には、高額の課税がかかる場合がありますので、必ず税理士・公認会計士などの専門家に相談してください。

そこで考えて欲しいのが、**退職金の支給**です。役員の中でも、特に社長の退職金は、税務署もある一定額までは経費として認めるという慣習があります。また、個人への所得税についても、退職金は勤続年数に応じて控除額が大きい上、**控除後の2分の1が課税対象**になるなど、恩典が大きいので活用しない手はありません。さらに、社長が自分自身で清算後も欲しい資産（保険、不動産、工具器具備品類など）を現物支給するという形で退職金を支給することも可能なため、大いに活用したい制度です。

また、解散を決議した後に清算活動に入るわけですが、その際に社長がそのまま代表清算人に就任し、役員報酬をもらい続けることもできます。清算活動がどれくらい長くなるかによりますが、ここでも役員報酬という経費計上をうまく活用していくことで、節税を図ることが可能です。

なお、会社法第482条第4項には「取締役の報酬に準じる」と書かれているので、清算業務をするという名目で役員報酬として堂々ともらうべきだと考えます。

第 3 章　会社を清算しましょう

3-20 個人と会社の財産を分けて考えよう

　会社を清算させるという行為は、会社と個人に係る債権債務および財産関係を清算させるということに他なりません。個人が会社に係る財産を保有しているパターンとしては、以下が考えられます。これらの財産（あるいは負債）は、相続や贈与の対象になる立派な財産になりますので、家族に対してもそのことを説明しておく必要があります。

①自社株式（資本金）

　会社を当初設立した時には「出資」という行為を行っているはずです。出資は、会社に資本金（資本準備金も含む）という元手が入りますので、その資本金を使って設備を購入したり、仕入れ代金を払ったり、従業員を雇ったりして、商売が始まるわけです。

　こうして会社はスタートするわけですが、この最初の資本金というお金は、自社株式という有価証券に替わっており、これは、個人財産になります。つまり、会社名義のさまざまな資産はすべて法人の所有物であり、社長個人が保有しているのは、その**会社の所有権を自己株式という形で保有**していることになるわけです。

　この個人財産である自社株式は、最終的に債権債務を整理していく中で、現預金が余れば配当という形で分配されますが、何も残らなければ単なる紙くずになります。ただし、節税という観点であえて最後の配当を出さないように持ってくるというテクニックがあります（前項参照）。

②会社への貸付金

　会社の資金繰り上、いちいち増資していると間に合わないし、かといって金利を払ってまで金融機関から借り入れを起こすのも気が引けるという場合に、手っ取り早く社長の個人資金を会社へ注入することはよ

93

くあります。ただし、これは**会社への貸付金という立派な個人財産**になりますので、事業をする上ではまったく気にしなくても良いのですが、万が一のことが社長にあれば、回収が困難にも関わらず、相続財産になってしまいます。

　ところが、清算業務の中では、この厄介さが逆に働き、会社の消滅と共に貸付金もなくなってしまうこともあります。つまり、会社が存続している限りは、個人の貸付金を消滅させるということは、税務上の繰越欠損金が存在するなど、ある一定の条件下であればできるのですが、そうでない場合、極めて消滅させにくい個人財産を、清算で一気に消してしまうことが可能になるのです。

　そのためには、会社に**債務免除益**が立ったとしても、それを打ち消すほどの大きな損失（例えば社長への退職金）を立てることです。詳細の対策については、税理士などに相談して、最も有効な貸付金の消滅の仕方を選択しましょう。

③会社からの借入金

　②のパターンとは逆に会社から何らかの理由があってお金を借りていた場合、個人財産としては万が一のことが社長にあれば、マイナスの財産として引くことができます。ところが清算業務の中では、今度は社長が会社へ返済していくことになります。もし、社長に個人財産がない場合は、会社が回収できませんので、決算上は損失を立て、個人としては負債がなくなることになります。

④会社が使っている個人の不動産

　この項目は、「**3-16不動産は適正価格での売買が必須です**」で説明したので、そちらを参照してください。

⑤連帯保証人の地位

　最後に忘れてはならないのが、連帯保証人の地位です。会社が金融機関から借入れをする時に、必ずと言って良いくらい社長個人の連帯保証が求められます。普段は気にすることがないわけですが、いざ清算手続きに入っていき、債務をすべて返し終えれば問題ありません。ただし、残債となった時は、金融機関は社長個人へ求償する権利を持ちます（信用保証協会の融資の場合は一旦代位弁償をしたあと、信用保証協会が求償する権利を持ちます）。

　この連帯保証人の地位というのは、潜在的に多額の債務を背負う可能性があるところに怖さがあります。そのため、清算手続きの中でどのくらいの債務が顕在化するのかを概算で出し、予め家族に伝えておくようにしましょう。

会社に係る財産	個人財産の種類	清算方法
①資本金	自社株式	現預金が余れば配当
②役員借入金	貸付債権	現金または各種現物弁済
③貸付金	借入債務（マイナス財産）	現金による返済
④借地権	土地	売買による取引
⑤連帯保証人	潜在債務（ゼロ又はマイナス財産）	金融機関への返済で解消

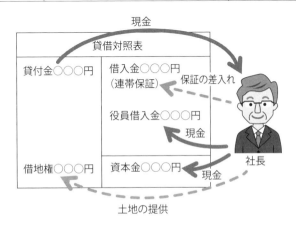

以上の通り、中小企業の場合は、**個人と会社の資産が入り組んでいる**ため、社長は会社を清算しようと思ったら、まず、家族にその旨を告げると共に、どの財産がどのように処分されるのか、社長（家族）にどんな財産が残るのかをきちんと説明しましょう。

第 3 章　会社を清算しましょう

コラム　四つ目の K〈カネ〉　自己破産の実際

　自己破産については、「友人にばれてしまうのではないか」「会社経営ができなくなってしまうのではないか」「債権者から怒鳴りこまれるのではないか」など、多くの方がさまざまな不安を抱えて弁護士事務所に相談に来ます。しかし、どれも心配に及びません。それが、破産事件を多く取り扱っている弁護士からの回答です。

　第一に、自己破産をしても、それは戸籍にも住民票にも記載されません。

　誰が破産したかが分かるのは、政府の新聞である官報への記載だけです。もちろん、一般の人は官報など、まったく読んでいません。見ているのは銀行、クレジット会社などの信用情報機関だけです。ですから、友人にばれることはありません。

　第二に、個人で自己破産をしても、すぐに取締役に復活できます。

　自己破産すると、企業の取締役の方は、それが欠格要件となるため、一旦取締役から外れます。しかし、株主総会で再度選任されれば、すぐに再び取締役に就くことができます。**破産しても、再起**を図るために会社を設立し、その代表取締役に就くことも可能です。

　第三に、債権者から怒鳴りこまれるのではないかという不安も、まったく心配ありません。

　破産手続きが始まると、破産事件を受任した弁護士が矢面に立つことになります。破産者の方が債権者と直接交渉することはありません。破産者が弁護士を代理人に選任し、弁護士が受任通知（破産事件を担当することになる旨の通知、中に債権者からの通知はすべて代理人弁護士にするよう指示がある）を出すと、それ以降、債権

者は破産者に直接コンタクトすることはできなくなります。つまり、**弁護士が盾になり**、破産者を債権者から守るのです。

これであらかたの不安は解消されたと思います。破産とは、破産者の過去の債務を一掃し、「破産者が経済的に再起する」ことができるように作られた制度であるということをよく覚えておいてください。さらに、その後の生活費は「生活保護」という仕組みが救ってくれるのです。

思い悩んで何もしないのが、最悪の結果につながります。弁護士に頼む勇気は必要です。

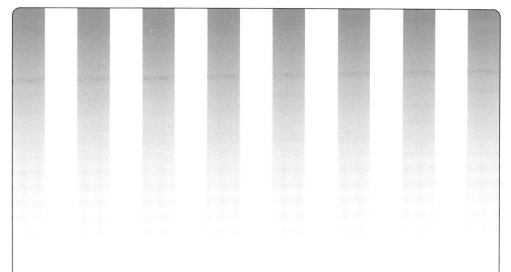

第 4 章
事例から学ぶリタイアポイント

- Case1. 従業員へのれん分け
- Case2. 祖業から不動産業への転換
- Case3. 母の仕事を片づける
- Case4. 家族に背中を押されて
- Case5. 未亡人が社長になると
- Case6. 弁護士の活用で再起へ
- Case7. 廃業するのも悪くない！

会社の"終活"読本

Case 1

「事業承継」

業務不振の子会社の立て直しに成功。
カギは事業の"磨き上げ"

[会社概要]

企 業 名：A社

業 　 　種：ペットショップ・ペット美容室

資 本 金：1千万円

営業年数：26年

社 員 数：20人

▶ 家業を継いだら、父親の「道楽の会社」も任せられ…。

　A社は、私が家業の卸売業の会社を事業承継した際に子会社として存在していた会社です。1991年に熱帯魚好きな父親が設立した会社で、熱帯魚だけでなく、犬猫、小動物も扱う総合ペットショップでした。親会社の事業と関連は若干ありますが、ノウハウや経営資源の点からは畑違いの事業だと思われます。私は父親の「道楽の会社」だと思っていました。

　私が社長に就任したのは1998年で、創業8年目の期の途中でした。それまで一度も減価償却をしたことがないにも関わらず黒字になったことがないという、**絶望的な財務内容**でした。当然、債務超過の額も相当な金額でした。父親の役員借入金で資金繰りを回していたのです。

　私が社長になって間もなく父親は亡くなりました。この時「せめて亡くなる前に債権放棄してくれていれば…」と思ったほどです。当時、

100

中継ぎとして親会社の社長をしていた親族からは、A社は清算した方が良いと言われていました。

当時のA社は、お金がないから投資をしない、人も足りない。人が足りなくサービスレベルが低いから顧客満足が低い。顧客満足が低いから売上が少ない。売上が少ないからお金がない。お金がないから投資をしない、という完全な"負のスパイラル"状態でした。さらに、父親は絶対的な権力を持ったまま病気で引退してしまったので（登記上は母親が代表取締役）、意思決定権者もいない状態でした。普通に考えたらこのタイミングで清算すべきだと思ったものです。

それでも売上が少ないとはいえ、当時としては大型の店舗だったのでお客さんは入っていました。また、安い給料でも父親を慕ってくれて頑張っている社員のことを思うと清算する勇気もなかったので、会社を続けることにしました。それと、親会社の将来性を考えるとペットショップの方が将来性はあると思ったことも事実です。

追い風が吹き、事業は順風満帆

これまで資金繰りは役員借入金で回していたので、当然、私が前職で貯めていたお金や相続財産で回すことになりました。このお金があったのは本当にラッキーだったと思います。社員も閉店するのではないかと心配していて、モチベーションが低下していました。

私は、自分の覚悟を示すことも兼ねて、社員の意見を聞いて、**小規模の投資や修繕**を実行しました。何年も投資を止めていたので少額の予算で解決できるものが山ほどありました。もともと経営者不在の会社でしたので、しっかりと経営を続けていくだけで業績は良くなっていきました。やる気のある社員の意見を重視して必要な投資を行ったことでいいお店になり、また、その結果、社員のモチベーションの向上につながったことが一番の要因だと思います。

私が社長に就任した当時の社員は7名、その直後に採用した社員が2

名、人数も少なく、業績も今ほど良くはありませんでしたが、頑張れば
どんどん売上が増えていく、振り返ると**あの頃が一番楽しかった**と思い
ます。

　A社の創業当時は、アロワナ・ディスカスを中心とした熱帯魚ブーム
が終焉に近づいていた頃でした。私が社長に就任した頃は犬のダックス
フンドが人気の時代で、その後にチワワの人気の時代が来ました。2002
年に、ある消費者金融のテレビCMでチワワが登場したことで爆発的に
人気が出ました。2003年、2004年くらいがペットブームのピークだっ
たと思います。当時はブームではなく新しい時代が来たのだと感じまし
た。しかし、振り返ってみるとやはりブームだったとのだと思います。

　特に、2003年、2004年は「神風が吹いた」という印象でした。業績
が回復してきたこともあり、ちょうどどこの頃に大規模なリニューアルを
行いました。ペットブームとのタイミングも重なり、**リニューアルは大
成功**でした。繁盛店に仲間入りしたような気がします。少し前に店舗設
計のプロと出会っていたこともあり、いろいろな幸運が重なったリ
ニューアルでした。

🚩 売却可能な会社まで成長。社員に事業承継

　社長に就任した当初から、ペット関連ビジネスは楽しいビジネスだと
思っていました。その一方で、盆正月も気が休まることはなく、一生続
けていける仕事ではないとも思っていました。社員は自らペットビジネ
スを選んで就職してきていますが、私自身は特にペットビジネスが好き
で経営している訳ではないという葛藤を抱えていました。本当にペット
ビジネスの**好きな人が社長をやるべき**だといつも思っていました。どこ
かのタイミングで売却するか、誰かに全権を渡さないといけないと思っ
ていましたが、とても売却できるような事業ではないと思っていまし
た。

　ところが、その後に路面店が集まる商業施設に移転したことと、総合

ペットショップから犬猫専門のペットショップに業態変更したことによって、売却可能な会社になっていることに気がつきました。移転前の店舗は、**創業当時は良かった**と思いますが、徐々に立地や店舗が時代に合わなくなってきていました。また、熱帯魚部門は正直なところ儲かっていませんでしたが、閉鎖した時のマイナスイメージと無駄な空間が生まれてしまうことを考慮して継続していただけでした。熱帯魚部門から撤退しない限り、将来の業績を安定的に考えることはできないと思っていました。

理想的な立地とビジネスモデル（犬猫専門のペットショップ）を確立したことで、売却を検討できるまでになったのです。いざ売却しようと思った時、第三者への売却も考えましたが、社員の労働条件を継続的に守ってくれるような会社が購入してくれるとは思えませんでした。A社は、基本的に学生と主婦以外は全員正社員として雇用していたので、この**労働条件の継続を前提**とした売却は難しいと考えていました。結局、当時の店長をしていた社員に事業承継することにし、2013年に社長に就任してもらいました。その後継者は、創業間もない頃に入社して、ずっと実質的な店長をしていたので、そもそも私よりもA社の顔だった人物でした。

🚩 後継者の教育は経営者の役目

事業承継をしたことによって、他の社員のモチベーションが低下したり、業績が悪化したりするのではないかと心配していましたが、心配は不要で、むしろ今の方が良くなっています。

現社長は、店舗における仕事は優秀ですが、いわゆる経営者としての勉強をしたことはありませんでした。その点の後継者教育が残っています。また、親会社が事務をすべて請け負っていたので、A社には事務の機能がまったく存在していません。この2点を解決するためには、当事者だけでは難しく、**第三者の支援**も必要だと考え、事業承継士と中小企

業診断士の資格を持つ先生に支援をお願いしました。

　私は、近々、完全にＡ社から引退となります。

　少し寂しいような気もしますが、これから自分のやりたいことに邁進していけると思うと、ワクワクしてきます。

リタイアポイント

🔍 **決めるのは先代の仕事**
　承継できる事業にするのか、それとも撤退するのか。
　跡を残さないで

🔍 **事業を承継するには "事業の磨き上げ" が重要**
　親族以外への承継の場合は特に重要

🔍 **後継者は親族だけじゃない**
　親族以外の役員や従業員、第三者にも目を向けること

🔍 **後継者は経営革新の担い手**
　新たな取り組みが会社を成長させます

🔍 **当事者だけで事業承継を進めるには限界がある**
　専門家の活用は賢い選択。まずは相談してみましょう

第4章　事例から学ぶリタイアポイント

Case 2

事業承継

父から受け継いだ娘。
祖業から不動産業への転換

[**会社概要**]

企 業 名：B社

業　　種：小売業から不動産賃貸業に転換

資 本 金：3百万円

営業年数：55年

従業員数：1人

🚩 競合店の進出。不動産業に転換し、安定収入で借金返済

　1960年代前半、私の父と母は、東京都の都下にある自宅の一部を改装して萬屋を始めました。地元の農家でとれた新鮮な野菜、酪農家から仕入れた絞り立ての牛乳、菓子類、日用雑貨などを店舗で販売しました。まだ幼かった私と妹二人を育てながら、父と母は夫婦二人三脚で店を切り盛りしていました。新鮮で美味しい食材を常に用意すると共に、元気で明るい母の接客により近所の人たちが固定客となり、しばらくは順調に売上と利益を上げていました。

　しかし、1980年代後半のバブル期になると、近所に競合店の総合スーパーが進出しました。そのスーパーは、衣食住を兼ね備えた幅広い品揃えと低価格の商品が売り。手頃な商品をワンストップで購入できる利便性の高さから、**萬屋の固定客は離れ、次第に売上と利益は減少し**ていきました。

105

会社の"終活"読本

そこで、両親は**小売業に見切りをつけて**、**業態転換**を考えました。近所に大学があり、第二次ベビーブームの影響で大学生の数が増えてきたことから、1階が貸店舗、2階から4階がワンルームの不動産賃貸業を営む有限会社を設立することにしました。

競合店の総合スーパーは飛ぶ鳥を落とす勢いで多店舗展開を行っていましたので、店の経営がさらに悪化するのは目に見えていました。あの時、両親が**早めに店を閉める決断**をしてくれて本当に良かったと思います。おかげで家族や親戚が、借金を背負うこともありませんでした。そして、私たち三姉妹は就職、結婚で実家を離れました。

この土地は父と母の共同所有でしたので、それを担保に金融機関から建設に必要な資金を借り、自宅兼萬屋の解体後に隣の空地を買い増して、4階建てのマンションを建設しました。

1階店舗のテナント、ワンルームの入居者募集は、**賃貸物件管理会社**にお願いしました。空室期間はあまりなく、コンビニエンスストアと学生や社会人が入居し満室となりました。不動産賃貸業に転換したおかげで、1階の店舗が月80万円、ワンルーム8室が月6万円の賃料で、毎月128万円の安定収入を得られるようになりました。そのおかげで、両親は生活費を確保しながら、金融機関からの借入金も毎月順調に返済していきました。

▶ テナントの解約で、再び経営難のおそれ

バブル景気が終わる頃、母が病で倒れて高齢者介護施設に入ることになりました。自宅に残る父の年齢は、80歳を超えていました。「高齢の父一人で今後の不動産賃貸業の経営、それに伴う多額の借入金の返済ができるのだろうか」と思っていた矢先に、物件管理会社から「1階のコンビニエンスストアが解約し、3カ月後に退去する」と連絡が入りました。父からその話を聞いて私はびっくりしました。なぜなら、月80万円の店舗賃料は、会社の半分以上の売上を占めるからです。すぐに1階

106

第4章　事例から学ぶリタイアポイント

店舗の次の入居者が見つからないと、父の会社の経営は悪化し、金融機関への借入金の毎月返済も困難になります。

　父は今後の経営について心配になり、事業承継セミナーに行きました。そこで、事業承継士の存在を知りました。

🚩 父から娘への事業承継

　後日訪問相談を依頼すると、事業承継士の先生は、決算書を受け取って状況を分析し、経営者である父に寄り添う姿勢で、事業承継を進める上で必要な家族構成や個人の資産（不動産、所得、借金）について聞いてきました。私たち一族の**家系図を作成**し、直系親族、配偶者、その子の続柄や年齢、株式の所有割合、個人資産や借金の情報を落とし込んでいきました。丁寧な説明と図式化した資料により、父と私は、今まで混乱していた頭が整理され、会社の状況が見えてきました。

　私は父から「後のことは任せる」と言われており、主人や妹たちからも同意を得ていたので、後継者となる覚悟はできていました。

　しかし、事業承継にはさまざまな手順があり、**会社の保証人として多額の借金を背負う**ので、気おくれしてしまいました。事業承継では、やらなければいけないことがたくさんありますが、事業承継士の先生がこれらの手続きをまとめて支援してくださったので、安心して着実に**事業承継計画**を進めることができました。

　月に一度の打合せを数回行った頃に、1階の空き店舗にドラッグストアが入ることが決まりました。準備のための改装期間と合わせても4カ月ほどの空白で済みましたので、最悪の状況になることは防ぐことができました。

　事業承継士の先生は、**争族を起こさないで円満に会社を継ぐ**ことができるように、**家族会議**を開きました。長女である私、次女、三女、それぞれの夫、父から見れば最愛の孫（三女の長男）にも参加してもらいました。家族会議で用意する同意書には、相続人全員が納得するまで話し

107

合った結果、きれいに実印が押されて、完成しました。

　夫は、妻の私が代表取締役になることで、会社の抱える多額の借金の個人保証をかぶるのではないかと心配しました。なぜなら個人保証はマイナスの相続財産として、大きなリスクがあるからです。しかし、B社の場合は不動産担保によるバランスが取れているので、いざとなれば売却して返済することも可能なので、負担が少ないことが説明され、安心していました。

　今回の事業承継の大きなポイントは個人の土地を会社へと売り渡すことで、父が会社から借りていた個人の借入を相殺することができる点です。そして、後継者がいないので甥が成人するまでの期間を長女である私が社長を務めて、将来は次の社長になる甥へ事業承継することです。

　私の役割は父と母の個人資産が相続でバラバラにならないように、会社の資産として一本化し、株式として次の世代に手渡すことなのです。

🚩 未来へ向かって、前向きに一歩ずつ進む

　父は、肩に重くのしかかっていた経営者の重荷を事業承継によって下ろすことができました。これからは、私が経営する賃貸マンションの管理を日課としながら、空いた時間で趣味のゴルフや読書を楽しんで、余生をのんびり過ごすようです。

　私は、経営に必要なノウハウや知識を身につけるために、後継者塾に参加しています。同世代の仲間たちとグループワークを行い、共に切磋琢磨しながら、毎回出される課題に取り組んでいます。後継者塾を通じて、父が会社を作った創業の時の想いや、会社の歴史を知り、決算書の見方も少しずつ分かるようになってきました。

　今後は、不動産賃貸業の経営者として売上を確保すると共に、新たな収入として、空地を利用した駐車場経営も考えています。なによりも信用金庫にきちんと借入金を返済することで、後継者としての与信力をつけていくことが大切だと思います。

第4章　事例から学ぶリタイアポイント

　将来、甥に会社を渡す時を考えながら、私が受け取った時よりもさらに良い会社にして、次の世代へと**父母の想いを伝えていこう**と思っています。

リタイアポイント

- **業態転換で生き残る**
  祖業にこだわる必要はありません
- **個人の土地を次世代に引き継ぐために**
  商売をやめて大家さんになりましょう
- **不安解消は家族会議で**
  借金と個人保証は専門家に説明してもらいましょう
- **引退する潮時は早めに**
  楽しめる若さがあるうちにハッピーリタイア
- **後継者には仲間との学びの機会を**
  経営者になる不安解消には"場"が必要

109

会社の"終活"読本

廃業と片づけ

家族の葛藤と女の意地のぶつかり合い。母の仕事を片づける

[会社概要]

企 業 名：W社
業　　種：飲食業
資 本 金：青色個人
営業年数：40年
従業員数：8人

🚩女手一つで起業。女将のいる居酒屋の成功モデル

　すでに10数年前のことになりますが、仕事中に私の携帯が突然鳴り響きました。電話の主は、あまり兄弟仲の良くなかった弟からでした。あわてた声で「母が仕事中に倒れて、救急車で搬送された」と言うのでした。外資系広告会社のディレクターとして会社に勤めていた私は、びっくりして病院へ急行しました。母の病状は思っていたより深刻で、腸が破れ細菌に感染したことによる敗血症で、予断の許さない状況に陥っていました。緊急の手術が必要で状態は大変厳しいとのことでした。医者曰く「こんなになるまで我慢していたこと自体、自殺行為だ」と。

　しかし、今思えば、その**「我慢する自殺行為」**が母に残された唯一の"けじめのつけ方"だったのだと思います。

　私の母は1960年代後半に横浜の関内にある馬車道という、横浜の一等地で割烹料理店を開業しました。開業の理由は簡単で、離婚した女

性が一人で家族五人を養っていくためには、とりあえず会社勤めをするより水商売の方が手っ取り早かったからです。まずはホステスとして勤め始め、水商売の要領を掴み、そこで得た資金、ノウハウと人脈をもとに独立しました。ちなみに後年、母の後輩ママ達から伺いましたが、母は関内界隈では結構名の通ったホステスだったそうです。

　話を進める前に、少し母の生い立ちについて触れておきます。母は1928年に祖父が仕事の関係で駐在していた中国大陸で生まれ、各地を転々とした後、北京に移り、北京の高等女学校3年生の時に終戦を迎えました。その時、祖父は仕事で日本にいたようで、祖母と二人の妹と女四人で命からがら引き上げてきたそうです。いくつもの壮絶な体験をしているようでしたが、そのあたりのことについては、あまり多くを語りませんでした。ただ、李香蘭（山口淑子）とは旧知の仲で、戦後も親交があり、それをよく自慢していました。この時代の経験が母の人格および思考形成に大きな影響を与えたことは、想像に難くありません。

　生来、接客商売の才能があったのか、時代が良かったのか、順調に商売は伸びていきました。数年後には支店を横浜スタジアムの隣にある、日本大通りに構えるまでになりました。商売の規模は両店合計で宴会用座敷含め70席ほど。運営はマネージャー、板前、女性従業員を合わせて7～8名ほど。客層は口コミで評判が評判を呼び、幸運にも各方面で活躍している働き盛りの方々ばかり。そのお客様が、社用とプライベートでお使いいただける、料金もそれなりのお店でした。

　お客様の多くは母と話をするのが楽しみで来店されている様子で、母もそれが嬉しかったらしく、朝から晩まで休みなく働いていました。天職と思っていたのか、喜々として仕事に精を出し、その勢いは止まらず、新たな出店の話まで進んでいたと記憶しています。

　まさにマズローの言う**「自己実現を果たした満足感」**に酔いしれていたのでしょう。

ひとり頑張る経営者が陥る罠

　成功の秘訣は、間違いなく今で言う"ターゲティング"と"ビジネス・モデル"だったと思います。社会でそれなりの立場の方は、往々にして孤独で、自分を取り戻す場所が必要です。ましてや「モーレツ社員」といった言葉があった時代です。お客様の愚痴を聞いてあげたり、相談に乗ったり、中には酔っぱらっていたのか、泣きながら母に相談事をしていたお客様も一人や二人ではありませんでした。そうしてお客様との信頼関係を築きリピーターを増やし、多くの愛顧客に支えられた商売でした。

　余談ですが、後年、母が体力的に衰えてからは、お客様が持ち回りのボランティアでお店を掃除する当番があるほどでした。そうやって、とにかく来る日も来る日も、本店と支店を行ったり来たりして仕事をし、食事は移動中に歩きながらのおにぎりで済ませるといったモーレツな働きぶりでした。

　では、母のやり方が"経営"だったかと言うと、「人間力と勘と体力と気合」を頼りにした、「どんぶり勘定の個人商売」で、とても"経営"と呼べるものではありませんでした。つけ払いは普通で、回収不能な売掛金も相当な金額だったと思います。経理スタッフもおらず、母がすべて自分でやっており、接客や他のことで手一杯なので、いい加減にならざるを得ません。当然、事業目標や計画、経営戦略などあろうはずもありません。

　商売に勢いがあるうちは、順調そのものに見えましたが、その時すでに勢いの陰に多くの問題が潜んでいたのです。成功の秘訣であったはずの母の商売のやり方、それ自体が凋落への罠だったのです。まさに、水を得た魚、飛ぶ鳥を落とす勢い、自信に満ちていた母は、それに気がつくわけもありませんでした。

　長男である私は、まったく母の商売に興味がなく、継ぐなんていう気

第4章　事例から学ぶリタイアポイント

持ちは1ミリもありませんでした。母の商売のおかげで、贅沢はできな
いまでも不自由なく、人並みの暮らしができていることは子どもなりに
理解していました。しかし、朝の市場での仕入れから、夜11時の閉店
まで働き詰めで、日曜日の定休日は帳簿の整理、年末は31日まで営業
し、正月は元旦から店の大掃除。いい時でも年商はせいぜい7千万〜8
千万円程度だったと思います。

　そんな母を見ていた私は、まだ学生でしたが生意気にも、「もっと効
率良くスマートに稼ぐ方法がある」と常々母に理屈を言って、母の仕事
の批判ばかりしていました。母は内心では面白くなかったはずですが、
何も言わずにそれを聞いていました。当然のごとく、母もそんな私に
さっさと見切りをつけ、**次男に後継者の期待**を寄せていきました。母が
どう口説いたのか分かりませんが、弟はせっかく入った国立大学を卒業
したのに就職もせず、家業を継ぐために、外へ板前の修行に出ました。

　1980年代中頃、バブルに向かって景気が良くなるばかりで、商売も
順調な時でした。何しろ、お店の10周年や20周年のパーティを大勢の
お客様を招待して、横浜の一流ホテルで開催するほどでした。今でもそ
の時の写真を見ると、自信に満ちた母の心が伝わってきます。

繁盛の中にこそ衰退の原因が潜む

　変化が現れたのは、バブル崩壊以降です。まず社用が減り始め、同時
に商売を支えてきたお客様が順番に定年を迎えたり、お客様自身の仕事
の状況が厳しくなったり、健康面で不安が生じたりで、来店されるお客
様の数や頻度がどんどん少なくなっていきました。中には亡くなる方も
現れ、当然商売は急降下。あっという間に「赤字に転落」。

　しかし、社員に支払う給料や家賃は変わらずで、みるみる借金が膨ら
んでいきました。その負担が背負えなくなり、やっとのことで従業員の
整理をしました。従業員との関係も情が中心でしたから、とっくに余裕
がなくなっているのにも関わらず、決断まで相当に時間がかかりまし

113

た。その面倒見の良さは、地方から出てきていた若い女性従業員を解雇する際は、実家の両親に連絡を取り、謝罪し、次の就職先の面倒まで見るほどでした。

もうその頃には**借金をしながらの自転車操業**でしたが、当時はまっとうな金融機関は零細飲食店に融資などするはずもなく、借り先はもっぱら高利の消費者金融が中心で、それも借金の膨らむ大きな原因でした。

もちろん、弟が店に入り、改善された部分もあったのですが、当時はまだそれでも母のお客様で商売をしていたので、なかなか自分の好きに仕事ができる状況ではなかったようです。ましてや、「のれんを変えて違う商売へ」、もしくは「店のコンセプトを変える」などの変革は難しかったようです。

また、弟はすでに自分の貯金を店に投じており、引くに引けない状況でもあったようです。一方、私は仕事でバブル崩壊前後の7年間は海外におり、店の状況を知る由もありませんでした。一時帰国した際は店に顔を出していたのですが、危機感はまったく伝わってきませんでした。それは私に対する"母の意地"であったのだと思います。

そうやって必死に仕事をしているうちに、母も70歳に手が届く年齢になり、私も帰任し東京本社での仕事をしておりました。ある時、会社に母から手紙が郵送されてきました。そこには商売の窮状を訴え、**借金の保証人を依頼する**内容が書かれていました。母が一番頭を下げたくない私に、それも非常に丁寧な他人行儀な文面での依頼でしたから、その深刻さが伝わってきました。藁にもすがる想いだったのでしょう。もはや自分ひとりで状況を客観的に分析し、改革する力など残っているはずもなく、本人に残されていたのは、「今まで以上に頑張る」という**"意地とプライド"**だけでした。

この時はまだ、「きれいに廃業する」、または「一店舗に絞って続ける」というチャンスは残っていたと思います。しかし、商売をたたむという選択肢は母の中にはまったくありませんでした。「店を辞めるなら

死んだ方がまし。」という母の言葉で、仕方なく私は借金の保証人を引き受けました。

一族を巻き込む保証人の引き受け

　私が保証人になったのは大手の消費者金融からの数百万円の借金でした。正確な数字は忘れましたが、大変な高金利で2年後にほぼ倍の金額を私が返済しました。契約時には、その消費者金融の担当者と私が笑顔で握手している証拠写真を撮ったり、いかにもこの契約が正当で円満なものであるかを演出するものでした。担当者も優しそうな若い人が多く、まるで息子か娘のような接し方で母に取り入り借金を膨らませる戦略でした。私も何もしないわけにもいかず、その消費者金融会社に乗り込んでいって説明を求めたり、弁護士に相談したりもしましたが、当時の法律ではどうしようもありませんでした。

　結局、法律も行政も金融機関も、母の商売のような零細企業に救いの手を差し伸べない**現実を知り、猛烈な怒りがこみ上げてきました**。その怒りの矛先は最終的に母や弟に向けられ、常に仕事のやり方を無責任に非難し、理不尽に罵倒し続けました。私はどうしても、それを止めることができませんでした。

　結局その状況は母が店で倒れるまで続きました。その後、弟が1店舗を閉めて、何とか状況を打開しようと努力しましたが、結局自分の店にはすることができず、最後に多額の借金だけを残し、約40年の歴史を閉じました。

　親孝行のつもりで始めた援助も、私にとって後悔しか残らないものになってしまい、弟とも禍根を残す結果となってしまいました。いまだに私は弟に「母の商売を継いだ理由」を聞いていません。もしそれが私の身勝手が理由であれば、私はとんでもない傲慢な人間ということになります。

会社の"終活"読本

🚩 頑張りすぎることの罪

　ビジネスには、仕事に対してのパッションや真摯な態度も大切ですが、やはり論理性や合理性、さらに冷徹さも必要だということです。しかし、「頑張る創業者が陥る罠」にかかると、当事者だけでは、必要な要素のバランスを取ることができないのだと思います。

　母のケースで言えば、少なくとも3回の見直しのチャンスがありました。その時に優秀で信頼できる第三者の適切なアドバイスがあれば、結果は違っていたと思います。もう一つは家業である以上、事業を承継する人だけではなく、関わるすべての人が何らかの責任を果たすべきであるし、主体的な協力をするべきだったと考えます。

　今、私は母への懺悔の気持ちから「事業承継士」としての専門知識を武器に、仕事の片づけに悩み、廃業を迷う経営者を救い"終活"が成就することを目指しています。

リタイアポイント

🔘 **情けはあだ**
　ビジネスには合理性が必要。赤字の上塗りの借金はダメです

🔘 **「家族は言わなくても分かり合える」というのは思い込み**
　話し合いの場は必要です。必ず考えを共有しましょう

🔘 **専門家を探せ**
　他人による冷徹な合理性が不可欠

🔘 **失った命は戻らない**
　手遅れにならないうちに。「決断と行動」がすべてに勝ります

🔘 **「プライドと現実」意地だけでは渡れない**
　目の前の現実を直視する勇気を持ちましょう

116

第 4 章 事例から学ぶリタイアポイント

Case 4

廃業

家族に背中を押されて、行きついたハッピーリタイア

[会社概要]

企 業 名：K社
業　　種：業務用厨房機器製造業
資 本 金：1千5百万円
営業年数：23年
従業員数：5人

創業社長の栄光と挫折

K社は、大手機械メーカーのエンジニアだった私が43歳の時、資本金1千5百万円で独立した会社です。焼鳥を観覧車のように縦に回転させて焼く自動串焼機を開発すると、スーパーの惣菜売り場などで重宝され、一躍トップメーカーになりました（https://www.youtube.com/watch?v=JHDQQtK0Qm0）。しかしその後、調理済み食品を電子レンジで温めるのが主流になると、売上が一気に下降しました。

自動串焼機にかわる業務用オーブンの開発にやっと目途がつき、「さあこれから挽回するぞ」、と社員にカラ元気を見せましたが、運転資金がすっかり底をつき身動きもままならなくなっていました。業績が好調で資金が潤沢なうちに、新製品開発にもっと早く取り組んでおけば良かった、と後悔しましたが、後の祭りでした。

起死回生の再建策を求めて、私は国の中小企業支援機関を訪問しました。

117

会社の“終活”読本

🚩 自主廃業を勧められ、怒りと同時に安堵

　私は、支援機関の相談員の中小企業診断士に、Ｋ社の企業プロフィールとこれまでのいきさつを一つ一つ詳しく説明していきました。相談員からは、Ｋ社の主力製品の製品寿命が尽きかけており、目先の改良などでは売上げ回復が困難だと診断されました。それを聞いて「あと数年早く外部の経営診断を受け厳しい意見を聞いておけば良かった。自分は成功に浮かれた**裸の王様だった**」と唇を噛みました。

　次に、決算書を広げて、Ｋ社の財務状況について説明しました。Ｋ社はその時すでに、債務超過額が２千５百万円でした。つまり、会社を清算しても２千５百万円の負債が残る状態ということです。Ｋ社の場合、借入金８千万円のうち、５千万円は私個人の貸付金でした。

　私は、金銭に関しては比較的恵まれてきて、あまり執着がない方でした。というのは、元々何不自由なく育ち、有名大学を出て、一流メーカーに就職し、早期退職でそれなりの退職金をもらい、創業する時は家内の裕福な父親からかなりの支援を受け、起業が成功し蓄えもでき、お金の苦労には無縁の順風満帆な人生を送ってきたからです。

　私は「金は天下の回り物、そのうち次のツキが巡ってくるまで、自分の貯金で凌げばいいさ」と楽観し、**誰にも相談せずに一本調子**にやってきました。まさか、資金繰りに四苦八苦する日が来るなんて、夢にも思いませんでした。人前では平静を装ってきましたが、連続赤字と債務超過を理由にメイン銀行に追加融資を断られ、目の前が真っ暗になって、パニックに陥りました。

　それまで、会社の経営にはタッチしてこなかった家内に対し、「このままでは、倒産して担保に取られている自宅を競売にかけられてしまうかもしれない」と会社の窮状を初めて話したところ大騒ぎになり、第三者に相談することを求められ、国の支援機関を訪ねて行ったのでした。

　Ｋ社の財務状況を分析した相談員からは、産声を上げたばかりの新製

第4章　事例から学ぶリタイアポイント

品を育成する資金調達ができないことから、事業再生は難しいと判断されました。時価評価約5千万円の自宅不動産をうまく売却できれば、金融機関からの借入金残高3千万円と未払金を返済できる。熱海の景勝地にリゾートマンションを持っているので、自宅を売却しても余生を過ごす住居は確保できる。「**今決断すれば、自主廃業も不可能ではない**」と言われました。

　しかし、事業継続に執着し、赤字の状態を放置すれば、債務が雪だるま式に膨れ上がり、破産して残る個人資産のすべてを失うことになる。「決断するなら今しかないですよ」と助言されました。

　会社再建のヒントを得ようとしてきた私にとって、**自主廃業の勧め**はショックでした。しかも、「自宅を売却して借入金を返済し熱海のリゾートマンションでのんびり余生を送ってはどうか」との提案は予想外のものでした。新製品の販売の支援策への期待もあったので、その挑戦意欲を踏み潰されたような怒りも覚え、顔が紅潮するのが自分でも分かりました。

　しかし、新製品の業務用オーブンは、先発の大手メーカーの製品がすでに市場に出回り始め、後発で市場に押し込むには多額の販売促進費を要するので、「今のK社の資金力では無理がある」との相談員の指摘は的を射ており、私は事業の再生余地がない状況を実感しました。

　うな垂れる私に向かって相談員は、「あなたは起業に成功し、普通のサラリーマンの数十倍の税金を納め社会に貢献した功労者です。これ以上頑張り過ぎて老後のための自己資金と体力まで使い果たしてはいけません。あなたには、今まで支えてくれた家族のために幸せな老後をつくる義務があります。円満な廃業が迎えられるよう、一緒に対策を練っていきましょう」と、労わりと励ましの言葉をかけてくれました。

　今まで**誰にも相談できず悶々と悩んで**きましたが、張り詰めた緊張がふっと解け、「そうか、もうこれ以上頑張らなくていいのか」と不思議に安堵の気持ちが浮かびました。

119

会社の"終活"読本

🚩 業態転換と従業員承継について検討

　廃業を勧められて真っ先に浮かんだのは従業員とその家族たちの姿でした。創業の時から23年間苦楽を共にしてきた家族同然の仲間です。従業員との親睦を深める社員会には従業員の家族の参加を促してきたので、彼らの子どもたちが成長していく姿まで楽しみに見守ってきました。

　昨年、ある従業員の長男の結婚披露宴で主賓の祝辞を頼まれた時は、自分の子ども同様に胸が熱くなり、「社長になって良かった」と思いました。従業員全員が家族を持つ50歳を過ぎた熟年社員でしたので、「自分が廃業したら彼らはどうなるのだ。今時、拾ってくれる会社なんて見つかるものか」と冷や汗が噴き出しました。

　また、私にも結婚前の一人娘が家にいました。都心の大手企業に勤めるOLで、休日に将来を約束した彼氏を連れてくるようになったので、娘とバージンロードを歩く日もそう遠くないと考えていました。せめて一人娘が無事に嫁ぐまでは社長のままでいたい、と心底思いました。

　相談員からは、自主廃業について家族と、その次に従業員と話し合って合意を取りつけるよう助言されましたが、廃業後を想像すると心身が固まってしまい、すぐには言い出せませんでした。そこで、2回目に支援機関を訪問した時は、正直な気持ちを打ち明け、**従業員を解雇**しなくても済む方法について助言を求めました。

　相談員からは、製品寿命が尽きた自社製品の販売とお金のかかる新製品の投入にはこだわらず、メーカーを問わない厨房機器のメンテナンス請負と厨房機器の取次販売に業態転換すること、さらに、身軽な業態に転換した上で**やる気のある従業員に事業承継**することを助言されました。それなら、顧客にも迷惑がかからず、従業員たちの持つ技術も活かせ、彼らが年金をもらえるまでの10年くらいは食いつなげるので、良いことづくめの案かもしれないと信じ、従業員たちの説得にかかりました。

　しかし、熟年の技術屋集団の中に、営業努力を伴う新たな業態を開拓

第4章　事例から学ぶリタイアポイント

しようとか、健康面に不安が出てきた社長にかわり従業員の雇用を引き受けよう、という気概のある社員はいませんでした。

会社売却、自主廃業。ついには自己破産か?!

業態転換と従業員承継の道をあきらめた私は、次に、約1千台の販売実績と顧客資産の価値を頼りに、国の支援機関である事業引継ぎセンターを相談員から紹介され、売却先探しを依頼しました。そこは、後継者が見つからない企業と買収先を求めている企業のマッチングを支援してくれる機関だと聞き、藁にもすがる思いで、従業員ごと買い取ってくれる企業との出会いに期待しました。

同センターの仲立ちで、成長中の中古厨房機器販売会社に事業譲渡を申し入れましたが、製品寿命の尽きた製品の販売権利は評価に値しないと断られました。

業種転換も**従業員承継**も**会社売却**もままならないと分かった時点で、相談員からは**自主廃業**の準備に入るよう助言されました。時価5千万円の自宅を売却すれば、金融機関からの借入金を返済できると計算したからです。しかし、家族の思い出が詰まったマイホームだけは守って欲しい、と家内に泣かれ、私は困ってしまいました。

さらに、その後の私は、従業員や外注先、工場の大家から事業継続を切望され、「いっそ最後の最後まで働き続けたい」との感情に押し戻されていました。健康を気遣う家内からは引退を求められていたにも関わらず、周囲の反対で撤退の決断が鈍ってしまったのでした。

しかし、業種転換による会社再生案に協力しない従業員に自腹で給料を払い続けたために、預貯金が残り少なくなると、私にも「廃業やむなし」の覚悟が固まっていきました。そこで、私は、自主精算のみならず法的整理も含めた廃業も検討するよう相談員に言われ、東京商工会議所の**経営安定化特別相談室**を紹介され、共に出口を探すことになりました。

経営安定化特別相談室の商工調停士という専門家からは、私の個人資

121

産すべてを吐き出して、会社の借金を完済すれば破産を免れる見込みは
あると言われましたが、会社を法的に清算しなければ、累計1千台の製
品を購入してくれた顧客に対する**修理部品供給義務**から解放されないこ
とも指摘されました。その後、特別相談室の提携弁護士からは、製造中
止後、最低6年以上の修理部品供給義務を免れるために、会社の自己破
産を申し立てるよう提言されました。

　娘が嫁ぐ前に破産者に転落することに対するショックと、手塩にかけ
た自社製品を買ってくれた顧客に対して申し訳ない想いで眠れない日々
が続きましたが、家族から「もうこれ以上頑張らないで自分を労わって
欲しい」と懇願され、私は**自己破産を決断**しました。

手を差し伸べてくれた仕事仲間

　日増しに憔悴する私の姿を見た従業員たちは「再就職先は自分たちで
何とかするので大丈夫ですよ」と言ってくれたものの、簡単ではないこ
とが分かっていました。

　しかし最後は、私を慕って長年付き合ってくれた協力工場4社が、引
退を決めている高齢の社員一名を除く四名の社員を一名ずつ雇用してく
れることになりました。さらに、ユーザーから修理要請の声が届いた場
合は、4社で協力し合って対応をしよう、と社長同士連絡を取り申し合
わせてくれたそうです。

　ありがたくて、ありがたくて、思わず男泣きしてしまいました。

自己破産をまぬがれ、ハッピーリタイア

　破産手続き開始決定後、リゾートマンションが期待以上の金額約1千
6百万円で売れました。築20数年経ち、簡単に売れるとは思っていませ
んでしたが、相模湾を見渡せる一等地にある高級物件だったことと、不
動産の市況が回復気味だったことが幸いしました。その売却代金と個人
預金を足して、メイン銀行からの借入金残高2千万円を返済し、担保に

入れていた自宅不動産の抵当権を解除することができました。

　残るは、政府系金融機関からの借入金残高1千万円でしたが、これは個人の連帯保証がなかったため返済を免れました。私個人のK社への貸付金5千万円と、私個人に対する未払給料2千万円、計7千万円の債権は放棄せざるを得ませんでしたが、**私個人の破産は免れる**ことができました。

　相談に行ってから1年がかりの廃業がようやく完了しました。

　私は現在、家内と共に家内の一人暮らしの父親の自宅介護に通う傍ら、地域ボランティアなどをやりながら、住み慣れた我が家で穏やかに毎日を過ごしています。これまでの奮闘のあれやこれやを思い返しながら、もし**決断が1年以上遅れていたら**、負債が雪だるま式に増え、老後の生活資金も使い果たし、自宅も失い、悲惨な毎日を送っていたかもしれない、あの時やめる勇気を出せて良かった、とつくづく思います。

リタイアポイント

- 🔘 **事業にも製品にも寿命がある**
  専門家の診断を受けましょう
- 🔘 **一人で悩まない**
  複数の支援機関を上手に活用しましょう
- 🔘 **見切りは早く**
  撤退する勇気は資産超過のうちに出しましょう
- 🔘 **頑張りすぎない**
  がまんしすぎて自分の人生を粗末にしないで
- 🔘 **片づけは丁寧に**
  誠実な態度は周囲の協力を呼び寄せます

会社の"終活"読本

Case 5

廃業・自己破産

社長である夫に先立たれ、
未亡人社長として廃業を決断

[会社概要]

企 業 名：T社

業　　種：大工工事業

資 本 金：1千万円

営業年数：20年

従業員数：6人

🚩 拡大する太陽パネル設置事業に乗り出し、売上急増

　幸雄さんと結婚したのは、私が35歳の時でした。幸雄さんは40歳で再婚、二人の娘さんを連れていました。私は初婚で、結婚後すぐに息子を授かりました。結婚当時、幸雄さんは腕の良い大工で、**一人親方**をしていました。その後、小さいながらも工務店T社を立ち上げた幸雄さんは、大工を二～三人雇って、年間5棟程度の住宅を建てるようになり、売上高は1億2千万～1億5千万円になりました。

　2011年の東日本大震災の後、太陽光発電が注目されました。震災から1カ月が経った頃、幸雄さんの元の弟子で、独立して工務店を営んでいるAさんから、Xさんを紹介されました。Xさんは東京で、営業マンを二十人程度抱えたリフォーム店を経営されていました。Xさん曰く、「今、太陽光パネル設置の依頼がすごい勢いで来ている。設置工事を請け負ってくれる会社を探しているのだが、山下さん（幸雄さんの苗字

124

第4章　事例から学ぶリタイアポイント

です）のうわさは聞いている。とても腕の良い大工で従業員も優秀だと聞いている。ぜひうちの受注を手伝ってくれないか」とのことでした。誘われた幸雄さんは断る理由もなく、太陽光パネルの設置工事を行うようになったのです。

　売上高は瞬く間に増加しました。すぐに5億円を超え、7億円に届きそうな勢いでした。Xさんとの契約は、太陽光パネルなど材料をT社が仕入れて施工し、材料代と施工代を合わせてXさんに請求するというものでした。売上に材料代が含まれているから売上高が大きくなったのです。経営に疎かった私は、幸雄さんに「すごいわね。こんなに売上が伸びるなんて、経営の才覚があるのね」などと言って、無邪気に喜んでいました。その時の幸雄さんの笑顔を今でも忘れることができません。

🚩 取引先の倒産で借金返済に困窮。そして、夫の突然死

　しかし、転機は急にやってきました。太陽光パネルの設置に乗り出してから2年後、Xさんの会社が倒産したのです。当社は窮地に陥りました。材料を多く仕入れており、その支払いがあります。施工済み案件の代金は回収できません。実際に施工したお客さんの家を訪問しても、「うちはX社と契約しているのだからお宅に支払う義務はない」とか、「X社に既に代金は支払い済みだ」と言って領収書を見せられたりしました。当社は施工されたお客さんと直接契約を結んでいるわけではありませんから、あきらめるしかありませんでした。

　その頃、銀行からの借入金は総額で1億円を超えていました。太陽光パネルの材料を仕入れる資金として借りたものです。幸雄さんは自分の貯金を切り崩しながら支払いをしていましたが、すぐに銀行への支払いができなくなり、経営計画書を作成して銀行に提出し、返済額を下げていただいたと言っていました。国の方からの指示で、取引先が倒産して困っている企業から要望があった場合は**返済額を下げて対応**する、という指示があったと後で聞きました。

125

また、何人かの従業員にも辞めてもらいました。十分な退職金を払ったつもりでしたが、後になって「残業代の未払いがある」と指摘され、数十万円から数百万円を支払ったこともあります。今になって思うと、この時が会社を**廃業する最初のチャンス**だったのかもしれません。幸雄さんの頭には「会社を廃業する」という選択肢はあったのでしょうか。今となっては聞くことはできませんが、きっとなかったと思います。本当に頑張っていましたから…。

心労が重なったのか、幸雄さんが急に亡くなったのは、この年の冬のことです。それからは、もう何が何だか…。いろんなことが次々に起きてパニックです。葬式の手配、取引先への連絡、幸雄さんの娘さんへの連絡（当時、二人の娘さんは結婚して独立し、一人は福岡県、もう一人は静岡県に住んでいました）など、何が何だかわからないまま、こなしていきました。従業員から「次の社長は奥さんがなってください」と言われ、取引先からも「このような場合、奥さんが継ぐのが普通だ」と言われ、私が幸雄さんの次の社長として就任することになりました。この時の私の年齢は60歳です。**60歳のおばちゃんが会社の社長**になっても良いのかな、というのが最初に思い浮かんだことです。

私は会社の経営のことはよく分かりません。X社の倒産により、当社の売上高は急激に低下し、2億円を切り、1億円を下回るのではないかというところまで、あっという間でした。慌てた私は、利益を少しでも出そうと、経費の削減に精を出しました。広告費や営業経費の削減、給料のカットなどを行いました。そうしたら、従業員は次々に辞めていきました。最盛期で八人程度いた従業員は、二人まで減りました。経費はずいぶん下がりましたが、売上高はさらに減少し、ついには1億円を下回りました。それでも減らないのは銀行への返済金です。

当時、毎月100万円以上の返済をしていました。とても払えないので、私の貯金を切り崩して支払いました。仕入先への支払いも同じです。幸雄さんの貯金はほとんど残っていませんでした。X社が倒産した

第4章　事例から学ぶリタイアポイント

時に、自分のポケットマネーから仕入代金や従業員の給料などを支払っていたからです。

銀行からの提案と税理士との出会い

そんな時、取引銀行の担当者が支店長と共に当社を訪れ、こんな提案をしていきました。

「もっと返済額を下げたらどうか。そのためには国の新しい支援策で『経営改善計画策定支援事業』を活用する必要があります。専門家にお願いして計画を作ってもらい、その計画書を基に銀行が判断して返済額を下げます」「とても親身になってくれる税理士の先生がいます。この税理士を紹介するから経営改善計画を作ってみませんか」と言うのです。

返済額が下がるならと、藁をもつかむ思いでお願いすることにしました。実際にお会いした税理士の先生はとても物腰の柔らかい方で、本当に親身になって相談に乗ってくれました。その先生が最初に言った言葉が今でも忘れられません。

「山下さん、私は銀行からの依頼で来ていますが、決して銀行の回し者というわけではありません。山下さんが一番良くなる方法を一緒に考えましょう。もし、本当に大変なら、会社を倒産させることも考えて良いのですよ」

思えば、この時が会社を**廃業する2回目のチャンス**だったのかもしれません。当時の私は、会社を倒産させるなどということはこれっぽっちも考えませんでした。

廃業へのカウントダウン

経営改善計画ができあがり、銀行への返済額は1年間限定ですがゼロになりました。1年後から返済を再開すれば良いことになりました。これはとても良かったのですが、売上高がまったく伸びません。従業員が

127

二人しかおらず、営業にかけられるお金もほとんどないのですから、当然です。

　会社を運営するために必要なお金は相変わらず私が**自分の貯金**から支払っていました。いよいよその貯金も底を尽き、取引先への支払いが滞るようになりました。特に怖かったのは、取引先の担当者が休みの日に当社を訪れることです。当社は、自宅と事務所が一緒になっています。事務所に来られるということは自宅に来られるということです。来れば対応しなくてはなりません。「いつ払ってくれるんだ」「いくらなら払えるんだ」などと問われ、答えに窮することが多くありました。こうなると自宅にいても心が休まりません。ビクビクしながらおびえて暮らしていました。

　この頃、もう一つ心配事がありました。それは、**相続がまだ済んでいない**ということです。幸雄さんの二人の娘さんが納得してくれないのです。私がいくら「取引先が倒産した時に幸雄さんの財産を使ったので残っていない」と説明しても、「いや、どこかにあるだろう」とか、「会社のために個人のお金を使うのおかしい」などと言って納得してくれません。

　私はほとほと疲れました。人と言い争うことほど、心が擦り切れることはありません。体調が優れず、何日間か入院しました。

🚩 助けてくれたのは銀行と税理士だった

　そんな折、経営改善計画を作ってくれた税理士の先生から連絡がありました。「その後どうですか？」と聞かれたので、「実はお金がもう残っていなくて、経営を続けたくても続けられない状態です」と打ち明けました。税理士の先生は飛んできてくれて、相談に乗ってくれました。「倒産しようにも弁護士にお願いするお金もない」という私に、知り合いの弁護士を紹介してくれました。また、当時はまだ銀行への借金が9千万円以上残っており、銀行に行くのが怖いという私に、「一緒に銀行

第 4 章　事例から学ぶリタイアポイント

に行きます」と言ってくれました。

　実は、税理士の先生と銀行に行ったことが廃業を決断する決定的な
きっかけになりました。私は、罵倒されると思っていました。他の債権
者がそうだったからです。しかし、銀行は違いました。税理士の先生の
助けを借りながら実情を説明した私に対して罵倒することなく、「仕方
ないですね」「お身体は大丈夫ですか？」と声を掛けてくれました。あ
る銀行では、相続のことを聞かれ、まだ済んでいないと告げると、「で
は銀行から娘さんお二人に手紙を出します。銀行としては債務者を特定
しなくてはならないからです。銀行から手紙が届けば、娘さんも相続を
放棄すると思います」と言ってくれました。その後、銀行から連絡があ
り、相続放棄の意思表示がありました、とのことでした。

　終わってみたら、あっけなかったです。大きな金額を借りている銀行
が廃業を許してくれないと思っていましたが、違っていました。銀行が
最後は全部やってくれたと感じています。思えば、税理士の先生を紹介
してくれたのも銀行です。あの時、「経営改善計画を作りませんか」と
いう銀行からの提案を断っていたら、どうなっていたことでしょう。自
分一人で右往左往して何も決められず、病気になって動けなくなってい
たかもしれません。

　結局、私はすべてを失いました。幸雄さんを失い、貯金をすべて失
い、自宅兼事務所も失いました。**自己破産**です。何もかもなくしまし
た。ただ、最後に一つ残ったものがあります。それは、息子です。今で
は30歳になり、幸雄さんの面影を感じることがあります。息子が私に
「一緒に住もう」と言ってくれたので、今は一緒に住んでいます。何も
かもなくしましたが、晴れ晴れとした気持ちです。もっと早く廃業を決
断していたら、もっと楽だったかもしれません。

　「会社を倒産させることは悪いこと」だと思い込んでいるので自分一
人では、なかなか決めることができないと思います。誰かに背中を押し
てもらうことが必要です。私の場合は、税理士の先生が押してくれまし

129

た。とても感謝しています。

　銀行でも、税理士の先生でも、その他の専門家でも、公の立場の人に相談してみるのが良いと思います。**未亡人の方が会社を引継ぐことがよ**くあると聞きました。未亡人の方は特に、何でも相談してしまえば良いと思います。正直に自分の気持ちを告げれば、悪いようにはならないということを学びました。敵だと思っていた人が一番の味方でした。

　正直なところ、後悔の気持ちは、あります。「幸雄さん、私はこれでよかったのかしら…」。

リタイアポイント

● **本音の本音**
　考えを自分の心に押しとどめるのではなく、口に出してみましょう

● **地元の金融機関はやさしい**
　じっくりと相談してみましょう

● **やめることを決断するチャンスはたくさんある**
　タイミングが大切。見て見ぬふりをしないで

● **債権者に向き合う勇気**
　避けられない。決断すれば悩みは半減します

● **公的な場所、公の人に相談する**
　正しい意見は導いてくれます

第 4 章　事例から学ぶリタイアポイント

Case 6

廃業・起業

弁護士を活用。
時代の潮流をつかみ、破産から再起

[会社概要]

企 業 名：R社

業　　　種：デジタル・アンプ製造

資 本 金：1千万円

営業年数：21年

従業員数：8人

🚩 妻の反対を押し切り、独立、地元で起業。決断は成功

　私は、雪深い秋田県でR社を創業しました。若い頃は大手音響メーカーA社で働き、デジタル・エンジニアとして、デジタル・アンプの設計に励んでいました。しかし、1985年のプラザ合意後の円高から、国内生産に偏っていたA社は、海外生産品を輸入する競合メーカーとの競争に敗れ、業績は悪化しました。90年代中盤になると、A社は早期退職を募集し始めました。

　私は、デジタル技術を使い、音源を正確に再生するアンプを海外で生産し、輸入販売すれば、業績を立て直せるのではないかと考えて、上司に新製品の開発を提言しました。しかし、A社は予算を切り詰めており、新製品の開発予算は承認されませんでした。国内の生産拠点の雇用の維持を図ることも大きな障害となったようでした。

　これに不満を感じた私は、かなりの好条件が提示されている**早期退**

131

職金を得て独立しようと考え、退職を決意しました。妻の陽子は、「なんで、あなたはＡ社を辞めるの。自分一人でやっていけると思っているの？ オーディオ業界は不況なんだから、食いっぱぐれるのが落ちよ」と大反対しました。しかし、Ａ社を辞めれば、故郷の秋田県に帰って年老いた母の傍で仕事ができるようになることから、何とか陽子を説得し、**秋田県へ移住**することができました。

　1996年、私はＡ社の早期退職金３千万円をつぎこんでＲ社を設立。自らの設計図面をもとに、Ａ社の時から付き合っていた台湾のＸ社を訪問し製造を依頼しました。

　最初の製品は、G1機。同スペックのデジタル・アンプは、競合のＢ社では６万円ほどで販売されていましたが、Ｘ社の協力を得て４万円での販売が可能となりました。

　販売チャネルは、同じくＡ社の時から付き合いのある秋葉原のオーディオ販売店を回って開拓しました。私の技術力とG1機の価格競争力を認めてくれた販売店は次々に店頭にG1機を置いて、オーディオ・マニア向けに販売してくれました。

　こうして、Ｒ社は順調に滑り出し、初年度から１億円の売上を達成しました。２年目は１億５千万円、３年目は２億円と順調に売上を伸ばしていき、10年目にはついに５億円を達成しました。私は、社員の採用も始め、地元で技術屋を二名、販売関係の担当を三名雇いました。経理業務は妻の陽子に任せ、二人の子どもたちは高校を卒業すると、会社に加わり、営業を強化しました。

　Ａ社の粗利は30％。ピーク時には５億円の売上で、粗利１億５千万円をたたき出しました。社員は家族と自分を含め、総勢九名。毎月の給与総額は、５百万円ほど。年間で６千万円ほどでしたから、販売管理費などの経費を引いても、５千万円の経常利益を計上できる会社に成長しました。

　お陰で、私は、秋田に大きな家を建てることができ、**親孝行ができま**

した。あれほど私の退職に反対していた陽子も、「あの時思い切って辞めたお陰で、こんなリッチな生活ができるのね」と喜んでいました。

🚩 競合他社の猛追でコスト競争に陥る

ところが、創業から10年経ち、デジタル・アンプが市場に浸透してくると、競合会社の数が増えてきました。当社と同じように、台湾や中国の外注先を使い生産しているので、コスト競争力があり、うちのG1機の後継機を下回る価格で製品を市場に投入してきました。

私は、競合会社との差別化を図るために、それまでデジタル信号を忠実に再生することだけに集中していた設計方針を改め、ソフトな音色を出すべく設計を一新した新製品を投入しました。値段も競合会社に負けないように抑えたため、粗利は20%を切る水準にまで悪化しました。それにも関わらず、販売は不振を極め、2010年には、ついに売上が3億円を下回るようになりました。

この時の粗利は6千万円を切っていたので、私の給与を2百万円から百万円に切り下げても、販売管理費を支払うと、赤字になっていました。翌2011年には、さらに売り上げも利益率も下がり、2012年には、ついに**債務超過状態**となりました。

🚩 銀行からの最後通牒。そして、弁護士の後押しで破産を決意

この頃には、運転資金として銀行から1億円を借り入れていましたが、売上と粗利の低下のダブルパンチで、その返済が困難となっていきました。

2011年末からリスケを行い、地元の信用金庫への元利均等返済を停止し、利払いだけとしました。私の考えが甘かったのだと思いますが、五名の社員と家族三名のうち一人も削減することなく、私は業績を立て直そうとひとり奮闘していました。

2013年の年が明けると、2012年の年末商戦の結果が出てきました

が、惨憺たるものでした。地元の信用金庫に利払いすらままならないことを話すと、**弁護士に相談**するように言われました。

　そう言われても、知っている弁護士などいませんでした。信用金庫に聞いてみると、地元で破産に詳しい弁護士の名前を三名ほど上げてきましたが、私は、地元の弁護士に相談すると話がすべて筒抜けになってしまうのではないかと不安になり、東京の弁護士を友人に紹介してもらうことにしました。

　A社時代の同期の友人に聞いてみると、**破産に詳しい弁護士**がいるということで植田統先生を紹介してもらいました。植田先生は銀行に勤め、その後アメリカの大学でMBAを取り、外資系コンサルティング会社に勤務していたと言います。事業再生が得意で、ライブドアやJALの再生事件に携わったスゴイ経歴の持ち主です。3年前に弁護士資格を取って開業し、事業再生・破産を得意としていると聞いていました。

　会ってみると、会社経営のことがよく分かっている先生で、うちの問題もすぐに理解してくれました。私の方から破産した場合のメリット・デメリットもしつこく聞いてみましたが、どの質問についても親身に答えてもらったので、心配を取り除くことができました。特に、植田先生から伺った「**破産するなら早い方が良い。早く破産を終えれば、また社長も復活ができます**」という言葉が胸に響きました。

　秋田県所在のうちの会社ですが、東京で手続きできると言われたので、植田先生に手続きを依頼することにしました。破産を申立てると、女性の弁護士先生が破産管財人となり、東京で一度面接しました。その後、この女性の先生が植田先生と秋田県に出張して来ました。そして、3カ月ほど経つと**債権者集会**が開かれて、会社の持っていた建物の処理について打ち合わせしたのを覚えています。管財人の先生は、この建物を何とか売却しようと努力されたようですが、最終的にはこれを放棄し、破産手続は半年ほどで終了しました。

　連帯保証人であった私自身も破産をしましたが、その手続きも同時に

第 4 章　事例から学ぶリタイアポイント

終わり、晴れて免責と言って，過去のすべての債務の責任の免除を得ました。

🚩 アマゾンのネット販売で月商 6 百万円に復活

　晴れて免責を得た私は、何をして今後の生計を立てていこうかと悩みました。当時、まだ64歳。破産ですべての財産を失ったまま、枯れていく気はありませんでした。**もう一度事業を立ち上げ、再起**した姿を世間に見せてやりたいといろいろと考えをめぐらしました。

　すると、私の気持ちを察したのか、台湾の外注先の会社の社長が、もう一度デジタル・アンプ事業をやってみないかと声を掛けてきました。私は、一度破産にまで至ったデジタル・アンプ事業をやることに躊躇しましたが、この社長から「今なら新しい機械を入れたから、製造原価は半分にできる。販売は、台湾で流行っているように、アマゾンだけでやれば、**社員なし**でR社と同じ事業を立ち上げることができる。成功間違いなしだ」と勧められました。

　陽子に相談すると、またもや「そんなに簡単にいくわけがない。それに私が持っているトラの子の1千万円は、あなたの事業に出さないわよ。やっぱり、あなたはA社にとどまっていれば良かったのよ」と反対されました。しかし、母が「私が5百万円だけなら出してあげられる。もう一度、勝負してみなさい」と言ってくれたので、再度事業を立ち上げることができました。

　今は、アマゾンでの月商が6百万円、粗利は50%ですので、月間3百万円の収入を得ています。私の成功を見て、娘も自分の趣味で作ってきた手芸品の販売をアマゾンで始め、月商50万円をあげられるまでになりました。

　私の今の成功は、**ネット販売という昔にはなかったビジネスモデル**のお陰です。もし、R社をたたまずに、歯を食いしばって社員を雇い続けながら事業を継続していたなら、今の私はなかったと思います。

135

会社の"終活"読本

リタイアポイント

● 粗利の低下に注意
売上よりも利益額に敏感になろう

● 債務超過の本当の意味を知る
キャッシュがなくなることを示しています

● 人員削減は最初に考えよう
抱え込むことは双方にとってリスク

● 弁護士を怖がらないで
法律家にも多種の顔があります。相性を大切に

● 再起を願うなら関係者を大切に
取引先が助け舟を出してくれることも

第4章　事例から学ぶリタイアポイント

Case 7

廃業

プライドとの苦悶の日々。
妻の一言から1カ月で廃業へ

[**会社概要**]

企 業 名：N社

業　　　種：バイク販売業

資 本 金：1千万円

営業年数：60年

従業員数：3人

🚩 バイクブームが一変、バブル崩壊へ。借金に追われる日々

　私は下町の問屋街で育ちました。柔道少年で道着が似合っていました。厳しいしごきに、次々と辞めていく仲間たちをしり目に、私は柔道を続けていました。一度やり始めたことを途中で投げ出してはいけないと、親からの無言の教育を受けていたからです。大学は理工学部へ進みますが、卒業後はすぐに実家に入り、父の自転車販売店を手伝いました。世の中は高度成長期に突入しており、父の会社も大きな商いに取り組んでいたからです。乗り物革命が進行する時代背景に合わせるように、問屋街はリヤカーから自転車、そして自動車へと変わっていきました。

　父が社長を引退する頃、私は自分の発想からオートバイ店へと事業内容を変えていきました。まさにこれが大当たりして、バイクブームの頂点を極めることになるのです。納車が間に合わないほど売れ、日

137

会社の"終活"読本

銭がどんどん貯まるので、同業者の中には夜ごと銀座通いに明け暮れる者も現れました。メーカーの販売攻勢は留まるところを知らず、たくさん売ればインセンティブのヨーロッパ旅行や温泉旅行は当たり前。チャーター機でアメリカに家族みんなで行ったことも数回はありました。儲かったお金は、父と共に不動産につぎ込みました。借金で投資物件の土地を買って、その土地を担保に次の金を借りて、錬金術かマジックのように、**資産と借入金が膨れ上がっていった**のです。

　しかし、そんな狂騒が長く続くはずもなく、10年に及んだバイクブームは終焉を迎え、直後に**バブル崩壊**が始まるのです。

　湯水のようにあふれた金融も消え去りました。土地の値段は上がり続けるものと思い込んでいました。それが一夜のうちに買い手が一人もいない大不況へと転落していくのですから、奈落の底に落ちていく恐怖感から寝つけない夜が増えました。同じ町内から自殺者が出て、同業者が夜逃げするありさまです。銀行が顔色を変えて押しかけ、約束手形が紙くずになりました。

　客足の途絶えた店で、借金取りと押し問答する日々はつらいものです。結局、私が迷いの道に落ち込んだのは、父の残した負の遺産処理が重くのしかかり、一族のためにすべての資産と負債を一人で背負うことにしたからです。兄弟が**相続した債務保証**と担保物件のすべてを、私の元へ集めました。

　そしてもう一つの迷いのもとは、地域の皆さんへの愛着と**商売人としてのメンツ**です。長くこの町で続けてきた販売と修理サービス業をたたむことは、得意先に迷惑がかかります。そして、生まれ育ったこの町で生きていけなくなる不安がありました。

🚩 バブル処理と会社の破産。その中で妻と息子に残せた財産

　バブルが落ち着き始めた頃に、私は我に返ることができました。それは、二人の若者の力によるのです。

第4章　事例から学ぶリタイアポイント

　「FP（ファイナンシャルプランナー）」という名前を初めて聞いたような気がし、保険の専門家と思っていたが違いました。私の広げきった資産の一覧表を作り、不良債権の山を整理して、「今すぐ会社をたたむしかありません。投資から手を引いて、売れるものは手放して」と「**事実上の倒産**」へ導いてくれました。

　もう一人の支援者は新たに就任した顧問税理士です。父の時代から長く付き合っていた町内の税理士が高齢で病気になり、若い人に仕事を引き継いだのです。

　若い先生は決算書を見るなり、「先代の税理士の言ったことは忘れてください」と言いました。何のことかといぶかる私に、「このままでは何もかもなくなり**自己破産**です。今すぐ、会社をたたんで投資から手を引きましょう。赤字のバイク店も**見栄のために続けるのはやめましょう**」と厳しく言うのです。顧問税理士からこんなにはっきりした言葉を聞いたのは初めてです。

　私はビックリして、隣に座っていた妻の顔を見ました。その時、妻がこう言いました。「ひと財産なくしたと思って**やり直そうよ、お父さん**。私も疲れたわ。今まで言えなかったのは、あなたの頑張りを見ていて気の毒で…」

　その夜遅く、月の光の中にたたずむショーウィンドウと店舗を、歩道橋の上から眺めました。私の夢であり、父から継いだ財産でもありました。窓に映る月を眺めて「ここらが潮時だな。仕事をたたもう。廃業する」。そう心に決めたのです。不思議と涙は出ませんでした。逆に、憑き物が落ちたように妙に**スッキリした気分**になりました。

　翌日、一人残った社員と妻を前にして、1カ月後の閉店宣言をしました。それからのバタバタぶりは、仕事をするのとは違って新鮮な驚きの連続でした。

139

会社の"終活"読本

バブルの処理と会社の破産

処分する財産はたくさんありましたが、どれも買い手がつきません。競売しても応札がないのです。有能な弁護士のおかげで、子どもたち名義で入札し買わせることを進めてくれました。想いの残る創業の地に立つ貸しビルは一族の手に戻りましたが、社有不動産の大半は次々に差し押さえられていきました。免責額が裁判所で決定し、晴れて**会社は倒産廃業**、個人の自己破産だけは免れました。一息つく頃、今度は税務署から区民税の滞納を催告されました。こちらも返済の意思と誠意を見せると、少額を払い続けることで了承を取りつけて、解決しました。

最後に振り返ってみると**二人の専門家が同時に出した結論**は、「今すぐ事業をやめること」でした。

趣味を活かしてコミュニティーで生きる、穏やかな時間

現在、子どもからの仕送りと国民年金で、つましくも楽しい暮らしを送っています。毎日のように剣道場に行き6段の腕前を活かして少年剣士の指導に当たっています。居合道、柔道、併せて12段の武道者として全国シニア武道大会にも出場しています。経営者としての名刺はありませんが、全日本剣道連盟公認の社会体育上級指導員として後進から尊敬と羨望を集める、優しいジイ様になることができました。

妻は経理の腕を活かして息子の不動産管理会社を手伝っています。孫に囲まれて多忙な日を送るバア様になることができました。

結論として私が皆さんに言いたいことは、**専門家には二つの種類**がいるので、使い分けが必要だということです。顧問税理士など、今の関係が切れないようなら、**セカンド・オピニオン**として、もう一度別の人に見直してもらいましょう。医師の世界でも、手術の前に、もう一度別の医師に見せて安心した方が良いですよね。

私はお金を儲けることに夢中になり、バブルの山を駆け上がり、最後

は一緒に崩壊しました。それでも、今思い出せば楽しい思い出がたくさん残っています。普通の人の何倍も人生を色濃く生きました。今さら過去の懺悔も、言い訳も、人を責めることも必要ないのです。

今から12年前のあの日、**妻が背中を押して**くれなければ、今日の安泰はなかったと思います。あの時のまま迷い続けていたら、きっと親戚や一族、そして友人にまで借金をして、本当に大切なものを失うことになっていたでしょう。保証人などは人に頼むものではないのです。その解消のためにどれほど苦しむ人がいるか、いざとなると苦労が倍増します。

まだ私は73歳。元気に生きて長生きし、孫の花嫁姿を見ることを楽しみにしております。

リタイアポイント

- **専門家を再確認**
  セカンド・オピニオンを求めよう
- **家族は最後の砦**
  甘え上手になって本音で話そう
- **会社と個人の切り分け**
  共倒れになる前に会社を片づけましょう
- **義侠心はドン・キホーテ**
  一族のすべてを背負い込まないように
- **「第二の人生」を思い描く**
  地元や暮らしの習慣を大切にしましょう

会社の"終活"読本

コラム　五つ目のK〈近所〉
大切なこの街に帰ろう。生涯現役を目指して

　私は横浜市内の産院で生まれました。自宅で、産婆さんに取り上げてもらった人もいるでしょう。赤ちゃんは誰かに介助されてお母さんのヘソの尾から切り離されて、この世に誕生してきます。

　現社長の中には、あまりにもワンマンで裸の王様になってしまった人もいます。しかし、最後は誰かに看取られてこの世を去るのです。誕生日から、死亡予想日まで。その間の平均寿命が男性で81歳、女性で88歳になろうとしています。もうすぐ人生100年時代なのです。平均寿命は延びてきましたが、健康寿命としてみると、男性72歳、女性74歳。つまり不健康になるまでの、健康で自由な時間はそんなに長くないということが事実です。

　第一期は学生で約20年間。その後、見習の数年を経て、一人前に稼げるようになって働く第二期のビジネスタイムは45~50年間。そうすると第三期のオフビジネス期間は約30年間になります。この人生のゴールデンエイジを、単なる引退期間とかリタイアして社会から遠ざかるのは、あまりにももったいないです。

　経営者としての知見や、リスクを乗り越えた経験を第三の人生に活かしてみませんか。

　65歳で肩書を譲ったとしても、その後の健康寿命は、たった7年しかありません。もし何かの都合で70歳まで現役社長を務めることになったら、残りは2年しかない計算です。そう考え、私は今年で現役社長を引退し、後継者の副社長に代表取締役の肩書を譲ることを決めました。

　問題は、その後をどう過ごすかということですが、選択肢は四つ

あります。

①再雇用：勤務条件を変えて今までの会社に勤める
②再就職：別の会社で働く
③創　業：再チャレンジして会社を始める。
　　　　　NPO、一般社団法人がお勧めです
④引　退：自由人として孫の相手、散歩と図書館、スポーツジム

　中小企業白書によると、熟年の創業者が全創業件数の３割を超える勢いで増えています。再チャレンジする方も多く、そのための支援の仕組みも用意されています。民間でも、銀座セカンドライフ株式会社はシニアの創業を「ゆる創業」と名づけて積極的な支援を行っています。その場合の注意点は以下の通りです。

①過大な投資を行わないこと　②健康第一で生涯現役　③経験と知恵を活かして好きなことを仕事に　④社会に貢献できること　⑤利益も大切

　元気な方が集まってNPOや一般社団法人を設立し、利益追求や過剰な社会的責任を背負わない、**非営利で社会貢献的**な要素を含んだ身軽な事業を行うケースが増えてきました。
　地元での創業のメリットは、「肩書き」「名刺」「組織」が手に入り、「飲み会」や「仲間との旅行」なども自主的にできる点です。そのため、中高年の新しい受け皿となっています。
　やはり仕事を辞めてしまうと「何もすることがなくなって寂しい」という声が多くなっています。今さら就職する気にもなれないし、どうすれば良いかと悩んでいる方の一つの解決策となっています。再挑戦するゆとりができたら調べてみましょう。

会社の"終活"読本

おわりに

なぜこれほどに、会社に固執する人が多いのでしょうか。

会社は自分のモノなのでしょうか。

創業者として、この世に創り出したのがあなたであるならば、まさにゼロから出発して、この企業を造り上げてきたわけですから、愛情もひとしおだと思います。しかし、忘れてはいけないことがあります。

それは人間の死亡率は100%だという科学的な事実なのです。

仏教の世界では欲に溺れることを「執着心」として、大きな心の罪と戒めています。「奪い合えば足らず、分け合えば余る」という教えがありますが、事業承継で会社を人に譲ることができれば、企業は永遠の時を得て、価値を変えて生き続けることも可能です。

逆に自分の所有物のごとく、所有権や経営権にこだわりすぎると、惨めな結果を迎えることもあります。

「人は死して名を残す」「企業は永遠」。会社は経営者を入れ替えながら、その時代ごとの繁栄を繰り返すことが可能なのです。

新渡戸稲造の武士道に「死を真正面から見る勇気を持て」とあります。現実を受け入れる心の度量が必要であると痛感しております。

自分の人生を仕事で使い切ってしまうよりも、余裕を残して、次の人生の準備をいたしましょう。安らかな結末を迎える心構えができれば、不安はなくなります。ハッピーリタイアを目指しましょう。

ノアの箱船ではありませんが、一人でも多くの迷える経営者を救えるように、私たちもさらに頑張って精進してまいります。

2017年12月吉日　事業承継センター株式会社　代表取締役　内藤 博

著者紹介

内藤　博
事業承継センター株式会社代表取締役　事業承継士
中小企業診断士【企画・監修・第1章ほか執筆】
神奈川県出身。元モーターマガジン社取締役。2003年に49歳で独立。「事業承継」を天職と考え、セミナーや事業承継相談、事業承継士の育成を行う。2011年事業承継センター株式会社を金子と共に創業し、現在代表取締役を務める。2014年一般社団法人事業承継協会を創立し、代表理事。

金子 一徳
事業承継センター株式会社取締役COO　事業承継士
中小企業診断士　CFP【第3章・コラム執筆】
青森県出身。大手ベンチャーキャピタル出身。2003年ファイナンスのオールラウンダーとして独立。「事業承継支援」のテクニカル面をトータルサポート。切れ味鋭いシャープなコンサルティングにはプロの支持者が多い。一般社団法人事業承継協会理事も務める。

戸田 正弘
事業承継士　中小企業診断士
東京都よろず支援拠点コーディネーター
【第2章・コラム・第4章Case4執筆】
福島県出身。総合リース会社でファイナンス業務を担当。その後は広告代理店で広告・販促支援業務を経験し、2012年に独立開業。支援機関で1500社近くの中小企業に助言を行う。経営者を元気にする熱血支援スタイルが評判だ。

執筆協力者紹介

石井 照之
事業承継士　中小企業診断士
【第4章 Case5 執筆】
千葉県出身。勤務先が倒産し、2000年に中小企業診断士で独立。現場のノウハウをマニュアル化する手法を用いた戦略立案、販路開拓、金融支援が得意。教育とコンサルティングの両面で活躍中。人づくりのプロ。後継者塾副塾頭として活躍中。

土田 正憲
事業承継士　中小企業診断士
【第4章 Case1 執筆】
新潟県出身。食品販売会社の小売部門に従事後、32歳でコンサルタントとして独立。41歳の時に株式会社にいがた事業承継サポート室を設立し、代表取締役に就任。事業承継支援と後継者育成に日々奔走している。

和田 純子
事業承継士　中小企業診断士
【第4章 Case2 執筆】
岡山県出身。28歳で上京。建設会社で新築マンションのPRドキュメント作成に従事。2016年独立開業し事業承継・M&Aをテーマに経営を支援。女性の感性を活かした優しく寄り添う、丁寧な支援スタイルは好評だ。

遠藤 不可止
事業承継士
【第4章Case3執筆】
神奈川県出身。30年間広告代理店勤務。香港現地法人の代表取締役を務め英語での仕事経験豊富。数々のプレミアム輸入車ブランドを担当。2016年マーケティング・コミュニケーションのコンサルタントとして独立。多彩な雑学と人の機微を知り尽くした座持ちの良さは宴会部長の異名で慕われる。

石塚 辰八
株式会社ストライク執行役員
【第1章1-2取材協力】
東京都出身。1997年中央大学大学院商学研究科を修了。信金中央金庫に入庫し、事業承継・M&A業務を担当。2005年ストライクに入社。業種を問わず数々の成約実績を有し、同社の東証一部上場にも大きく貢献している。家業を継がなかった自身の経験を活かし、事業承継型M&Aを得意とする。具体的かつ中小企業の目線にあったアドバイスに支持者が多い。

植田 統
弁護士　青山東京法律事務所代表
【第3章コラム、第4章Case6執筆】
1981年東京大学法学部卒。ダートマス大学MBA。成蹊大学法務博士。大手銀行勤務を経て2014年独立。多忙な弁護士業の傍ら15冊を超える著作がある。法律家よりビジネスマンに近い感性で、経営者の相談に優しくこたえている姿に、心を癒されるクライアントの信頼が厚い。

会社の"終活"読本
社長のリタイア〈売却・廃業〉ガイド　　　　　　　　　　NDC 325.247

2017年12月15日　　初版1刷発行　　　　　　　　　　（定価はカバーに
　　　　　　　　　　　　　　　　　　　　　　　　　　表示してあります）

Ⓒ　著　者　　内藤　博、金子　一徳、戸田　正弘
　　発行者　　井水　治博
　　発行所　　日刊工業新聞社
　　　　　　　〒103-8548　東京都中央区日本橋小網町14-1
　　電　話　　書籍編集部　03（5644）7490
　　　　　　　販売・管理部　03（5644）7410
　　FAX　　03（5644）7400
　　振替口座　00190-2-186076
　　URL　　http://pub.nikkan.co.jp/
　　e-mail　　info@media.nikkan.co.jp
　　印刷・製本　新日本印刷（株）

落丁・乱丁本はお取り替えいたします。　　　2017　Printed in Japan
　　　　　　ISBN978-4-526-07780-7
本書の無断複写は、著作権法上の例外を除き、禁じられています。